IBRASA
LIVROS QUE CONSTROEM

Biblioteca "ÊXITO"

Volumes publicados:

1.	Do Fracasso ao Sucesso na Arte de Vender	Frank Bettger
2.	As Cinco Grandes Regras do Bom Vendedor	Percy Whiting
3.	Nova Técnica de Convencer	Vance Packard
4.	Vença Pelo Poder Emocional	Eugene J. Benge
5.	Simplificação do Trabalho	Robert N. Lehrer
6.	Do Fracasso ao Sucesso na Arte de Viver	Harold Sherman
7.	Técnicas de Delegar	Donald A. Laird
8.	Administração Humanizada	A. J. Marrow
9.	Por que Elas Compram?	Janet Wolf
10.	TNT — Nossa Força Interior	H. Sherman/C. Bristol
11.	O Segredo da Eficiência Pessoal	Donald A. Laird
12.	Novas Técnicas de Direção	Auren Uris
13.	Liderança	Auren Uris
14.	Realize Suas Aspirações	Elmer Wheeler
15.	Técnicas Construtivas de Argumentação e Debate	Cortright e Hinds
16.	Dinamize Sua Personalidade	Elmer Wheeler
17.	Vença Pela Força do Pensamento Positivo	Pierre Vachet
18.	Formação de Dirigentes	Auren Uris
19.	Venda Mais e Melhor	Wallace K. Lewis
20.	A Chave do Sucesso	D. W. Damroth
21.	Administração Racional de Empresas	Karl Ettinger
22.	Os Sete Segredos que Vendem	Edward J. Hegarty
23.	Como Vencer a Batalha dos Negócios	Eric Webster
24.	Os Degraus da Fortuna	Napoleon Hill
25.	Psicologia Aplicada na Arte de Vender	Donald A. Laird
26.	Grandes Problemas e Grandes Soluções do Vendedor Moderno	Percy Whiting
27.	Ajuda-te pela Cibernética Mental	U. S. Andersen

TNT — NOSSA FORÇA INTERIOR

CIP-Brasil. Catalogação-na-Fonte
Câmara Brasileira do Livro, SP

B873t
12.ed.

Bristol, Claude Myron, 1891-1951.
TNT, nossa força interior : como libertar a força que cada um de nós encerra e obter o que desejamos / Claude M. Bristol, Harold Sherman ; tradução de Dilma Ferraz Sampaio Carrazedo. — 11. ed. — São Paulo : IBRASA, 1980.

(Biblioteca êxito, 10)

1. Autoconfiança 2. Sucesso I. Sherman, Harold, 1898- II. Título.

79-0579 CDD-131.32

Índice para catálogo sistemático:

1. Autoconfiança : Psicologia popular 131.32
2. Força interior : Psicologia popular 131.32
3. Pensamento positivo : Psicologia popular 131.32

CLAUDE M. BRISTOL
HAROLD SHERMAN

TNT

Nossa Força Interior

Como Libertar a Fôrça que Cada um de Nós Encerra e Obter o que Desejamos!

28ª EDIÇÃO

Tradução de
DILMA FERRAZ SAMPAIO CARRAZEDO

IBRASA
INSTITUIÇÃO BRASILEIRA DE DIFUSÃO CULTURAL LTDA.
SÃO PAULO

Título do original norte-americano:

TNT – *The Power Within You*

Capa de

Alberto Nacer

IBRASA

INSTITUIÇÃO BRASILEIRA DE DIFUSÃO CULTURAL LTDA.

Rua 13 de Maio, 446 - Tel.: 3284-8382 - São Paulo - SP

Publicado em 2009

Impresso no Brasil — Printed in Brasil

ÍNDICE

1

"ESSA COISA" INTERIOR CHAMADA TNT

Gentilmente deixo uma mensagem nas mãos daqueles que desejam aprender e progredir, e assim o faço sem o menor receio, embora certo de que ela virará o seu mundo inteiramente de "pernas para o ar", trazendo-lhes, se a compreenderem e aceitarem, saúde, riqueza e felicidade.

Lembre-se, TNT[1] é um explosivo altamente perigoso; assim, quando Você o pegar, carregue-o com cuidado. Através dos séculos o seu poder tem destruído aquêles que o procuraram usar indevidamente; portanto, tenha em mente a necessidade de grande cautela para que seja êle usado sòmente para o bem.

Êsse poder pode ser provado pelos ensinamentos da Bíblia, pelas bem estabelecidas leis da física e por fim, porém não menos

---

1. **TNT** é a abreviatura da expressão química **trinitrotolueno**, explosivo de alta potência, descoberto por Alfred Bernhard NOBEL, químico e engenheiro sueco, muito conhecido no mundo todo, principalmente pela instituição, que vigora até os nossos dias, dos cinco prêmios que são pagos, em boa soma de dinheiro, àqueles que mais se distinguiram nos domínios da **Física**, **Química**, **Fisiologia** (ou **Medicina** em geral), **Literatura** e **Paz**.

O **TNT** dos nossos autores explica-se, pois, por **analogia**; assim como há uma fôrça material poderosa (como é um explosivo, qual a dinamite, por exemplo), também há uma fôrça mental poderosa latente em nós importante, apenas pelo simples senso comum. Leia e determine por si próprio se as provas que lhe ofereço se sustêm por si mesmas.

Alguns de Vocês podem ver apenas o lado espiritual dêsse poder, outros reconhecem as verdades científicas dêle e outros podem aceitá-lo como um plano prático e operante que os poderá colocar na estrada do sucesso. Não importa. Muitos conhecem a verdade e, para aquêles que abrirem suas mentes, a luz nela se despejará com claro e deslumbrante brilho.

Estou em dívida com um velho amigo, perito em raios-X e instrumentos elétricos de alta freqüência, que, quando eu era menino e lidava com eletricidade, chamou minha atenção para a primeira quantidade do poderoso TNT que existia em meu bôlso. No momento não sabia o que era aquilo e não o compreendi; mas felizmente lá permaneceu a observação através de todos os anos.

À medida que olho para trás, compreendo porque o meu amigo não me forçou a entender o que era. Êle acreditava em mim e sabia que, no momento em que estivesse pronto para aceitá-lo, assim o faria. Durante aproximadamente trinta anos andei pelas estradas principais, de ponta a ponta, procurando, investigando e pesquisando "essa coisa" — o *segrêdo* — TNT.

Durante todo êsse tempo lá estava, em meu bôlso, uma certa porção minha, de alcance fácil. Contudo, tenho-o agora firmemente seguro e prazerosamente o dividirei, sabendo que, usado sàbiamente, todos os obstáculos irão pelos ares e a estrada pela qual Você, durante tôda a vida, desejou caminhar, lhe será aberta.

Por que Você se encontra bloqueado?

Fui, durante muitos anos, jornalista e com freqüência por trás dos bastidores. Encontrei-me com grandes homens e mulheres e entrevistei pessoas famosas. Naturalmente eu os estudava e tentava compreender que qualidades peculiares possuíam para

---

todos, a qual os nossos autores, com sua experiência e bons conselhos, procuram desenvolver nos leitores.

TNT é, portanto, simples caso gramatical de analogia, aliás muito bem aplicado (Nota da tradutora).

que fôssem colocados acima de outros. Os seus segredos, porém, me fugiam.

Quando chegou a Primeira Guerra Mundial, comecei a pensar porque outros progrediam enquanto eu parecia estar bloqueado dentro das minhas próprias ambições. A guerra, porém, ensinou-me que eu poderia dormir na lama, comer pão bolorento e viver para achar graça em tudo por que passei. Isto é parte do meu TNT; portanto, lembre-se: o que eu aprendi me ajudou a dar um "sôco no plexo" do velho Senhor Mêdo, e acredito que isso ajudará Você.

Com a esperança de encontrar a real estrada da fortuna, li centenas de livros sôbre sucesso, os quais de nada me adiantaram. Fiz o mesmo com livros de filosofia e psicologia, porém o grande segrêdo ainda permanecia a um pulo de mim. Associei-me a organizações fraternais secretas, esperando encontrar o que buscava; contudo, exatamente como a porção de TNT no meu bôlso, o segrêdo estava em todos os livros, nas grandes associações, em tôda parte; na verdade, estava bem debaixo do meu próprio nariz, mas alguma coisa me distanciava dêle.

Se Você não o extrair do TNT, terá que determinar por si próprio o que o impede de alcançá-lo. Caso não o encontre nas palavras impressas, procure-o nas entrelinhas — pois estou fazendo o melhor que posso para apresentá-lo a Você.

Tem mêdo?

Depois da guerra, tornei-me membro de uma organização bancária de investimentos, e durante anos acariciei quase um sonho, como milhares de outros em todos os ramos de negócios, apenas para descobrir que os meus castelos no ar haviam sido construídos em alicerces sem estabilidade.

O aparecimento daquele cataclismo, que colocou financeiramente o mundo de pernas para o ar, arrasou completamente os meus castelos e tornou-me medroso. Encontrava-me perdido num nevoeiro. Para qualquer lugar que me voltasse, alguma coisa desmoronava dentro de mim.

Como parte executiva da organização, minhas responsabilidades se multiplicaram. Nosso negócio enfrentava uma crise, em vista das alterações econômicas que se desenrolavam no mundo. Muitas pessoas, deixando de compreender a catástrofe que alcançava os negócios por tôda parte, tornaram-se críticos. Tudo isto trouxe muita preocupação e muitas noites de insônia. O trabalho me apavorava; receava que cada nôvo dia trouxesse consigo mais sofrimento.

As semanas se passavam e a situação continuava cada vez pior. Sentia-me frustrado. Diversas vêzes tentei deixar a sociedade e um dia, em fins de junho de 1931, decidi que assim faria. Expus o meu modo de pensar a um dos membros femininos, a quem estava comercialmente associado durante diversos anos, e nos seus olhos não vi senão reprovação.

Naquela noite tentei dormir. Mais uma vez foi impossível conciliar o sono. Andei de um lado para outro durante horas, quando mais ou menos às três e meia da manhã parei repentinamente e sentei-me. Encontrara-me cara a cara comigo mesmo. Poderia seguir a inclinação de correr, deixando que os outros continuassem sòzinhos, ou poderia ficar e desempenhar a minha parte — um dever que me competia.

Dei comigo mesmo falando quase em voz alta:

"O que é certo é certo. Tem sido sempre certo e não pode ser de outra maneira." Assim me ensinaram desde criança.

Repentinamente, nesse ensinamento pareceu-me haver uma clareira.

No espaço!

Dentro do espaço uma voz me dizia:

"Que tem Você procurado durante todos êstes anos? Que foi que lhe ensinaram? Que foi que aprendeu? Onde tem estado? Para onde vai?"

Pulei, gritando: "Descobri-o. Agora tenho-o em meu poder. É o segrêdo. Era isso que êles tentaram me ensinar. É o Segrêdo Real."

Alguma coisa me disse que encontraria idênticas palavras num livro que me fôra dado anos atrás e que tentara ler sem, contudo, lograr entendê-lo, motivo pelo qual o colocara de lado. Fôra escrito por um grande homem — Albert Pike, místico, poeta e sábio. Tirei-o da estante e febrilmente comecei a folheá-lo. As palavras lá estavam e imediatamente as compreendi.

Abra a mente

Agora possuía a chave. Podia entrever uma larga e suave estrada e, no final, um perfeito fluxo de luz esplendorosamente lindo.

"Esta é a estrada em que Você agora se encontra. Que simplório Você tem sido! Tentaram ensiná-lo, tentaram ajudá-lo e Você conservou a mente fechada, pensando que sòzinho poderia encontrar a Estrada e nela permanecer".

Estava quase sufocado pela imensa alegria de tudo o que acontecera. Meus temores, minhas preocupações haviam desaparecido. Sorri. Sabia que estava certo e que, de agora em diante, tudo estaria certo para mim. Dormi como criança.

No dia seguinte uma nova atmosfera reinava no escritório. As nuvens negras e opressivas que pesavam sôbre nós começaram a desvanecer-se. Contei a minha sócia — aquela cujo olhar fôra de censura — o que havia acontecido. Ela esboçou um sorriso de compreensão e ajudou-me a reencontrar o caminho. Nunca poderei recompensá-la.

É como um homem instruído disse: "Todos nós nascemos com a capacidade de diferençar o certo e o errado e de realizar, porém alguns precisam ir com a cabeça de encontro a um muro e nêle arrebentar aos pedaços para verdadeiramente compreenderem o que significa isto."

Fui de encontro ao muro, com um terrível estrondo, e isso constituiu para mim a maior e a melhor coisa que jamais me acontecera.

Muitas pessoas, notando a minha transformação, pediram explicação. Contei alguma coisa aos meus amigos mais chegados. Sabendo do auxílio que lhes prestará, ofereço-a a todos Vocês.

Pam — Pam — Pam!

Use um pouco de cada vez. Como uma pequena gôta de água que pinga, o TNT varrerá seus antigos mêdos, dúvidas e preconceitos, dando lugar a novas idéias, novos conceitos e novas verdades.

É a oportunidade que bate à porta da sua mente. Abra-a e deixe que êste conhecimento entre.

Desde o dia em decidi passar adiante esta carga de TNT, ela tem sido usada por milhares de indivíduos, firmas e organizações. Ademais, tenho falado e feito conferências, pessoalmente e através do rádio, para outros milhares mais e sinto-me muito feliz em dizer que, sem exceção, resultados fenomenais têm sido obtidos por aquêles que compreenderam e aplicaram os princípios e a mecânica aqui descritos.

Pam — Pam — Pam!

Você poderá adquiri-la tôda de uma só vez ou poderá levar algum tempo para preparar a sua mente a fim de que a fôrça que sempre possuía possa agir através de Você. Mas não se esforce demais, não tente violentá-la. Assegure-se de que a fôrça lá está e de que Você pode aprender a usá-la.

No momento do meu despertar, o moral de tôda a nossa organização estava no mais completo desânimo. Ninguém manifestava coragem. Tinham mêdo. Pela própria necessidade das coisas, tínhamos de representar o que não sentíamos.

O que é certo é certo

Minha tarefa era fazer tudo o que podia para ajudar o outro companheiro, porque eu sabia que estava certo. Primeiramente fiquei perplexo com os métodos que devia empregar para ajudar os outros, porém usei o meu próprio sistema de apelar para o subconsciente, e a voz interior disse-me que eu deveria conversar com êles.

Alguns eram céticos, mas eu disse comigo mesmo: "*Posso provar que estou certo!*" e durante a semana que se seguiu passei tôdas as horas disponíveis revendo os livros que havia estudado através dos anos. Naturalmente a Bíblia vinha em primeiro lugar; depois os estudos sôbre o ioguismo, a filosofia dos antigos mestres gregos e romanos e de mais recentes professôres e estudantes. Novamente considerei as *Meditações*, [1] reli a obra de Jay Hudson — *The Law of Psychic Phenomena* [2] — e outro livro escrito pelo brilhante médico Haydon Rochester — *The Gist of It.* Uma vez mais estudei meus livros sôbre física, eletricidade, vibrações da luz e descobri — o que de antemão já sabia — que estava certo, como também descobri aquela peculiaridade da mesma base geral de princípios que regem todos êles. Reli inúmeros livros sôbre psicologia e em tôda parte encontrava a mesma história. Em seguida, observando e examinando trechos que selecionei, eis que as coisas principiaram a delinear-se.

Onde está o seu nicho?

Olhando ao meu redor, fiz uma observação significativa: os homens e as mulheres que usam êste poder são os que se destacam ou, como diria o meu jornal, manchetes — aquêles que alcançam a primeira página. Alguma coisa faz que êles atirem para o ar os chapéus em que escondiam as cabeças, aparecendo então acima do nível comum.

Mesmo que Você jamais tenha desejado tornar-se uma manchete assim, há de concordar em que as pessoas que desenvolveram êsse poder interior até o grau infinito, vieram a ser manchetes ou nunca teriam os seus nichos no panteão da fama. Isto não quer dizer que sejam caçadores de publicidade, porque alguns são reservados e possìvelmente por causa desta reserva são artistas (veja a Greta Garbo!). Outros adotam certas peculiaridades ou certos artifícios que os salientam dos demais companheiros. Alguns usam um sorriso eficaz (Dwight D. Eisenhower!), outros são carrancudos (John L. Lewis!), alguns comandam a atenção pelas agudas críticas a povos e costumes (George Bernard Shaw!) e outros ainda possuem um certo encanto nas suas

1. O autor refere-se aos pensamentos e máximas de Marco Aurélio, imperador romano, os quais constituem resenha, digna realmente de ser lida e meditada, das teorias da escola estóica. Os **Pensamentos** de Pascal também devem merecer a nossa atenção. (Nota da tradutora).

2. Trata-se de Thonson Jay Hudson, autor de The Law of Psychic Phenomena, edição de 1899, obra na verdade muito importante no estudo dos fenômenos psíquicos. Os leitores menos versados em inglês poderão lê-la na tradução, em português, de O. Santos: **A lei dos fenômenos psíquicos**, edição de 1926, São Paulo. (Nota da tradutora).

maneiras (Eleanor Roosevelt). Cabelos compridos (muitos músicos e regentes, como Leopold Stokowski), suíças e costeletas (os Smith Brothers), monóculos (Charles Coburn) desempenham o seu papel. Roupas extravagantes e características são usadas por outros (Mark Twain e seus famosos ternos brancos!). A ostentação de alguns evidencia-se pelas gravatas vermelhas, a de outros pelas polainas e maneiras afetadas e as de outros, ainda, pelo número de casamentos e divórcios, tal como Tommy Manville!

O mundo toma nota dos não-ortodoxos, dos anticonvencionais, dos desembaraçados, e a maioria de indivíduos-manchetes são assim classificados. São diferentes em alguma ou mais particularidades. Alguns, deliberadamente, ostentam e dramatizam essas diferenças. Outros não se incomodam com o que o povo possa vir a pensar dêles. Estão muito ocupados em serem êles próprios e agirem como bem entenderem na vida, sem se incomodarem se estão ou não usando acertadamente a fôrça do TNT que possuem.

Muitos dominaram a arte da oratória, a ciência da guerra, os negócios bancários, o govêrno da política e das artes; todos êles se sobressaíram recebendo em cheio o brilho da luz dos refletores — como manchetes.

O número é uma legião. Menciono alguns nomes históricos e atuais: Demóstenes, Nero, Júlio César, Cristóvão Colombo, Galileu, Cleópatra, Balzac, Maupassant, Sir Isaac Newton, Joana D'Arc, Cromwell, Edgar Allan Poe, Benjamin Franklin, Alexander Hamilton, Bismarck, Alexander Graham Bell, General Grant, Abraham Lincoln, Cecil Rhodes, P. T. Barnum, Clemenceau, Lord Kitchener, Woodrow Wilson, Sir Thomas Lipton, Mussolini, Hitler, Winston Churchill, Joseph Stalin, Lenine, Franklin D. Roosevelt, Charles E. Hughes, Lloyd George, Mahatma Gandhi, Will Rogers, Douglas Fairbanks, Henry Ford, Thomas Edison, John Borroughs, Charles Lindbergh, Alfred E. Smith, Jane Addams, George Washington Carver, Al Jolson, Eleanor Roosevelt, Marion Anderson, Ralph Bunche, Harry Truman, Jawharlal Nehru, Dwight D. Eisenhower, Ezzio Pinza, Bernard Baruch, Jimmy Stewart, Jane Fromm, Cecil B. de Mille, Albert Einstein e Dr. Albert Schweitzer.

Poderíamos continuar mencionando inúmeros outros, cada nome despertando a lembrança de uma personalidade, morta ou viva, que tem sido *sui generis* em expressão e empreendimento. Tais indivíduos foram e são encontrados em tôdas as atividades da vida. E assim sempre será, pois fizeram uso de uma fôrça interior que os elevou até o cimo de suas profissões e empreendimentos.

Você notará que na lista foram incluídos nomes como Nero, Júlio César, Mussolini, Hitler, Stalin e Lenine. Todos foram brilhantes à sua maneira e alcançaram posições poderosas pelo uso "daquela coisa" interior, porém pisaram sôbre a humanidade. Como a história os aquilata, é necessário pesar o mal que praticaram contra o bem. Você poderá tornar-se manchete, usando essa fôrça interior errada ou acertadamente. Eis porque êsse poder é tão maravilhoso e ao mesmo tempo tão perigoso! É êste o motivo por que Você deve aprender a controlá-lo de maneira benéfica não só para Você como para os outros e, se Você se tornar manchete, para o mundo.

Tenho certeza de que Gandhi usou êsse poder; creio que êle foi talvez a maior das manchetes dos tempos modernos. Você encontrará muitos retratos mostrando-o em trajes civilizados dos nossos homens atuais, porém nos últimos anos êle conservou o cabelo raspado, como vestimenta usava apenas um lençol e um par de enormes óculos. Não tenho direito algum de dizer que Gandhi mudou o seu vestuário visando a algum propósito específico, porém acredito que êle assim procedeu movido pela idéia de que esta aparência ajudaria a focalizar a atenção mundial sôbre a sua pessoa e a causa da Índia.

Não faço tentativa alguma para explicar porque aquêles que usam êsse poder chamam a atenção. Porém, à medida que iniciar o treinamento desta fôrça na sua própria vida, Você notará que ela o fará sobressair entre os amigos e entes queridos. Êles imediatamente observarão em Você uma diferença, patente na maneira pela qual Você se expressa e na maneira pela qual Você age. Isto não quer dizer que Você estará se exibindo ou tentando atrair atenção. Apenas quer dizer que Você está principiando, pela primeira vez, talvez, a ser realmente Você mesmo, a aproveitar as oportunidades ao seu redor, a livrar-se das velhas e obstinadas idéias e limitações, reivindicando o que é legalmente seu – coisa que poderia ter sido alcançada há muito tempo, se Você tivesse aprendido a libertar o poder do TNT em sua vida.

Lembre-se: Você não pode ser uma trêmula violeta e conquistar qualquer reconhecimento ou respeito neste mundo.

"Não se pode ocultar uma cidade construída sôbre uma colina. Nem os homens acendem uma vela e colocam-na embaixo de um monte de palha..."

Uma vez mais:

"As grandes verdades da vida tornam-se conhecidas sòmente para aquêles que estão preparados para aceitá-las..."

Milhares de pessoas que fizeram uso dêsse poder interior, dedicando-o ao mal, trouxeram a destruição para suas próprias cabeças. Observando retrospectivamente a História, Você próprio poderá selecionar tais homens e mulheres.

Obtemos da vida exatamente aquilo com que para ela contribuímos!... nem mais e nem menos. Esta é uma velha e evidente verdade, que nunca será demais salientar. Quando armazenamos bons pensamentos e esforços construtivos, e praticamos o bem, o mesmo recebemos em retôrno, porque

"O que o homem semear, também ceifará."

Que é "essa coisa" – o TNT que transtorna a terra? É a fôrça interior, de que todo e qualquer indivíduo *deverá* fazer uso, se quiser ser algo na vida!

Você ainda não adivinhou? É Você, sim, Você mesmo, a fôrça oculta que se encontra no *interior* da sua própria *mente*, liberta mediante uma controlada finalidade e dirigida para servi-lo em face de qualquer experiência, aquela que remove qualquer obstáculo e é vencedora de qualquer situação, econômica, física, mental ou espiritual.

Faça um quadro mental da fôrça!

É a fôrça explosiva de um quadro mental do que Você deseja da Vida, dado por Você ao seu subconsciente, banhado na fé em sua própria pessoa e em Deus.

Seja o que fôr que Você tiver em mente, dentro da razão, poderá tornar-se uma realidade na sua vida, se Você depositar fé suficiente nessa fôrça interior!

Isto é o seu TNT — uma imagem mental do que Você quer e a fé em que Você pretende e pode conseguir aquilo que deseja.

É muito simples: tão simples que milhares de homens e mulheres não *acreditarão,* não dedicarão o seu tempo a aprender a respeito dêsse poder; preferirão continuar batendo a cabeça de encontro às paredes, cheios de cegueira, ignorância e teimosia, sempre criando tôda espécie de miséria e de perda econômica e de saúde para êles próprios através de um pensar completamente errado.

Lembre-se que eu tropecei durante trinta anos com um pouco de TNT no meu bôlso. Tudo que tinha a fazer era alcançá-lo e teria nas mãos uma fôrça que me poderia ter salvo de um mundo de amarguras. Porém, eu sabia mais do que os afortunados homens e mulheres de sucesso ao meu redor, que faziam uso dêste poder e que me convidavam para dêle compartilhar. Pensei que poderia fazer tudo por mim mesmo, que êste negócio de êxito dependia grandemente de sorte, que não se podia estar sujeito à fé ou a qualquer poder divino. Fiquei exposto a esta verdade vêzes e mais vêzes, porém não fiquei contaminado. Havia-me vacinado contra ela através da minha atitude céptica e zombadora.

Esperemos que, antes de fazer uma limpeza nas divisões da mente e achar o TNT que lá se encontra à sua espera, Você não fique tão saturado da vida, tão desalentado e desesperado quanto eu estive.

Mas que é isso? Você está dizendo que já topou com a *cápsula detonante?* Ótimo! Prepare-a. Coloque os sinais de precaução. Proceda cuidadosamente e prepare-se para a primeira *explosão* na sua consciência, a qual irá arrasar a sua maneira errada de pensar e abrir nôvo caminho que modificará, para melhor, o curso de tôda a sua vida.

2

O QUE "ESSA COISA" TEM FEITO PELOS OUTROS

Nada neste mundo é tão poderoso como uma idéia cuja oportunidade chegou.

VÍTOR HUGO

Chegou a oportunidade para a maior das idéias do mundo apossar-se da sua consciência. É uma idéia simples, porém quando Você abrir a sua mente e a deixar entrar, nunca mais será o mesmo. Como o TNT, ela fará tremer a terra ao redor e debaixo de Você. Sacudirá os alicerces do seu ser. Destruirá os velhos e falsos conceitos, substituindo-os por outros novos. Em conseqüência removerá da sua vida o mêdo e a preocupação. Libertará os seus nervos das tensões crônicas, perseguirá os calafrios de sua espinha, restaurará a sua autoconfiança, dará a Você uma atividade mais positiva e o capacitará a enfrentar as coisas das quais Você vem fugindo durante anos!

Todos os grandes homens e mulheres que alcançaram o sucesso, neste mundo, fizeram uso desta idéia, que tem sido dominante em suas vidas. Sem ela nunca poderiam ter sido grandes, a sua maneira, ou bem sucedidos.

Que idéia é esta?

É a compreensão de que aquilo que Você representou no seu espírito, se o fêz de maneira suficientemente clara, confiante e persistente, afinal se realizará em sua vida!

Muito bem! Ah! mas naturalmente não é só isso; é preciso um pouco mais; porém, reduzidas as coisas ao essencial, os sábios disseram tudo quando afirmaram: "O homem é como pensa em sua mente e no seu coração!"

Compreenderam bem? "A maneira pela qual o homem idealiza as coisas, na sua mente e no seu coração, assim é o homem!"

Quando recebi o primeiro impacto desta idéia, fiquei completamente nocaute. Era uma verdadeira descoberta, porque eu andava a culpar o outro amigo, as circunstâncias além de meu contrôle, pela embrulhada em que me metera. Sòmente agora é que acabei de saber que não me responsabilizei por tôdas as experiências infelizes que atravessei. Bem, de qualquer maneira, foi o que me ajudou a minorar os meus inúmeros desgostos ao fingir que não era culpado de nada. Porém, bem no fundo do meu íntimo, creio que finalmente comecei a compreender que o meu modo de pensar e sentir a respeito das coisas tinha alguma ligação com o que me estava acontecendo.

Se pela manhã me levantava deprimido e convencido de que teria um mau dia pela frente, na maioria das vêzes assim acontecia. Primeiramente pensei que fôsse psíquico, que eu podia dizer adiantadamente o que iria suceder. Levei muito tempo e recebi muitos castigos antes que tivesse a lembrança da existência de uma lei universal no domínio mental: *o semelhante sempre atrai o semelhante*, criando eu próprio o que me acontecia, através da minha maneira errada de pensar.

Observando as pessoas ao meu redor, via homens e mulheres felizes, que eram alvo de bons acontecimentos. Pela manhã levantavam-se esperando boas coisas, e elas, de fato, apareciam. Às vêzes essas pessoas felizes passam por experiências infelizes, porém não se deixam abater. No dia seguinte despertavam com a esperança de que *mais coisas boas acontecessem,* e com certeza *mais coisas boas* aconteciam.

Antes que tivesse êsse conhecimento, sempre me admirei disto. Tinha até ressentimento. Por que deveria uma simples atitude mental fazer tanta diferença?

Ignorava então que existia no mundo uma fôrça poderosíssima, que os cientistas chamam de eletromagnetismo. Não sabia que tudo no universo era eletromagnético por natureza; que as leis de atração e repulsão operam eletromagnèticamente; que quando a mente assume uma atitude negativa ou positiva, se obtém resultado negativo ou positivo; que não existe a tal coisa chamada acidente na vida — que tudo acontece diretamente de acôrdo com as leis de causa e efeito.

Leia e releia o parágrafo acima! Deixe-se ficar embebido por êsses fatos até que Você não mais os esqueça — porque êles possuem o poder de mudar a sua vida!

Não existe nada de nôvo no que estou contando, exceto se fôr nôvo para Você. Esta mesma mensagem tem sido escrita e enviada milhares de vêzes. É encontrada freqüentemente na Bíblia e nas grandes ordens fraternais; guiou os Três Reis Magos; nas Cruzadas os guerreiros levavam-na consigo; tôdas as figuras que sobressaíram na História fizeram uso dela. Moisés, Alexandre o Grande, Napoleão, Shakespeare, Washington, Lincoln, Benjamin Franklin, Edison, o Dr. Steinmetz, Barnum, F. D. Roosevelt, e inúmeros outros possuíam o comando "daquela coisa".

Os mais sábios homens de tôdas as idades, os feiticeiros, os guias religiosos, grandes professôres, os sacerdotes Maias, os iogues, os curandeiros e os homens milagreiros, todos êles conheceram êste segrêdo. Alguns usavam-no de uma maneira e outros de outra.

"Formaram em suas mentes e corações um quadro mental do que desejavam — e, com o tempo, o que imaginavam se tornou realidade."

Moisés idealizou liderar seu povo à Terra Prometida; Alexandre o Grande e Napoleão imaginaram grandes conquistas; Shakespeare idealizou a criação dos seus escritos imortais; Washington idealizou alcançar a independência das Treze Colônias; Lincoln idealizou a libertação dos escravos e a preservação da União; Benjamin Franklin idealizou a captura do raio através de um papagaio para provar que a eletricidade e o raio têm a mesma fôrça; Edison idealizou a luz elétrica, o cinema, o fonógrafo, o trem elétrico e inúmeras outras grandes invenções; Steinmetz idealizou novos usos do poder elétrico; Barnum idealizou "o maior espetáculo da terra", um circo que viajaria de trem por todo o mundo; Roosevelt idealizou liderar o seu país libertando-o de uma das piores depressões.

Êstes foram grandes quadros mentais formados por homens célebres e inspirados, que resolutamente os mantiveram presos às suas mentes e os converteram em ação animados pela fé, energia, visão, coragem e perseverança de cada indivíduo.

Êstes, e muitos como êles, eram apenas sêres humanos como Você mesmo. Se puderam compreender e realizar, também Você poderá.

Alto! Pense! Pondere!

Que fêz que estas pessoas se tornassem grandes? Foi haverem idealizado a si próprias conquistando o que desejavam! Ousaram imaginar grandes empreendimentos, e a fôrça interior dada a essas imaginações, para pô-las em movimento, finalmente as transformou em realidade.

Você precisa ter *grandes* pensamentos para tornar-se *grande*. Um homem pequeno é feito de pensamentos pequenos. Não pode permanecer pequeno e possuir grandes pensamentos.

Reflita por um momento!

De onde surgiram o barco a motor, a locomotiva, o automóvel, a luz elétrica, a máquina de costura, o rádio, a máquina de escrever e um milhão de outros objetos e comodidades? Tudo foi obra do pensamento ou de quadros mentais na mente dos homens antes de se tornar realidade. Tôdas as coisas existentes sôbre a face da Terra, exceto aquelas que a Natureza criou ou proporcionou, são resultado de pensamentos perseverantes.

Retire dêste mundo tudo que foi criado sòmente pelo pensamento, e não sobrará nada a não ser as primitivas florestas. Esta é a maneira mais rápida e gráfica para fazer que Você compreenda o que tem feito a mente humana.

Quando a verdadeira história da evolução da mente fôr escrita, será a maior e a mais sensacional de todos os tempos porque abrangerá tôdas as épocas e tôdas as fases da experiência humana.

Esta história contará como o homem teve necessidade de milhares e milhares de anos para emergir das profundezas da ignorância, da superstição, do mêdo, dos preconceitos, da mitologia e dos conceitos errados.

Contará a história de grandes mentes como Galileu, que acreditava, juntamente com Copérnico, que a Terra se movia em volta do Sol, e foram compelidos pela Inquisição a retirar as suas afirmações e proibidos de publicar os seus sábios livros. Com que vergonha refletimos sôbre essas perseguições aos homens que ousavam buscar a verdade a despeito das doutrinas e dos decretos existentes!

A história da mente humana fará as devidas honras a Darwin, cujo profundo estudo sôbre plantas e animais o levou ao seu famoso livro que sacudiu o mundo — *A Origem das Espécies* — no qual êle cuidou da teoria da evolução. Para crédito da teologia moderna, o trabalho de Deus através da evolução está agora sendo reconhecido por numerosas seitas religiosas.

A marcha majestosa do tempo através dos séculos tem assistido ao desenvolvimento das fôrças mentais do homem, com as quais nem êle sonhou, nos primeiros tempos de sua existência sôbre a Terra.

A prova de que o homem é mais do que o animal

Ter a criatura humana sido capaz de sobreviver a todos êsses séculos na luta contra tôdas as formas de vida, a despeito das desumanidades de seus próprios semelhantes, é a prova de que possui fôrças interiores superiores. O homem é um verdadeiro Deus em realizações, embora revele, muito freqüentemente, tendências diabólicas.

Foi esta fôrça interior que o homem possui, além e à parte de qualquer outra criatura vivente desta terra, que lhe possibilitou chegar a êste estado atual de desenvolvimento e consciência das coisas.

Êste poder interior colocou o homem acima de todos os outros animais. Conquanto possam existir inteligências maiores em outros planêtas e em reinos mais altos de existência, é agora evidente que o homem possui potencialidades ilimitadas para um mais amplo desenvolvimento no seu interior. Êle está apenas no jardim da infância de suas oportunidades de desenvolvimento e empreendimento, uma vez que venha a aprender como viver pacìficamente e em união com o seu próprio semelhante. Êle está agora a meio caminho na aprendizagem desta lição dolorosa. Tenho fé, porém, em que irá aprendê-la. Tenho fé no seu imenso poder interior, maior do que o próprio homem, poder êsse do qual o homem se está tornando cada vez mais convencido — "aquela alguma coisa" que pode e que um dia o libertará de seus mêdos, dos seus ódios e dos seus preconceitos e que lhe dará uma certa percepção do seu próprio "eu" que será, por sua vez, capaz de compreender os outros.

Você sempre sabe quando um homem ou uma mulher está usando o poder interior nas suas vidas. Tais pessoas caminham dentro da percepção íntima dêste poder, que se encontra dentro e atrás de todos e quaisquer de seus atos. Têm porte, autoconfiança, coragem, são desembaraçados e de expressão atraente. Sabem por onde andam e como alcançar o que desejam. Idealizaram o futuro e caminham resolutos e convictos ao seu encontro. Existe em volta dêles um espírito contagioso. Parece que tendem a carregar aquêles que os cercam e fazer que andem depressa em direção a grandes esforços em proveito dêles próprios. Estas pessoas são os *planejadores* e os *executores* do mundo. A grande massa, constituída de sêres humanos que não pensam, segue-lhes os passos.

Você comanda ou é comandado? Se você é um seguidor de outros, ainda não descobriu "aquela coisa" que existe no seu interior. Para ser um líder, para ser capaz de dar um passo adiante da massa, em sua linha de trabalho, de interêsse humano ou de expressão, é preciso que Você saiba como levantar esta fôrça interior. É absolutamente essencial. Sem isto Você nada será.

A lei da atração sòmente trará a Você o que foi *idealizado.* A fôrça criadora interior precisa ser magnetizada por aquilo que Você visa realizar.

Idealize! Idealize! Idealize!

Esta é uma simples ordem que o leva à realização. Idealize! Idealize! Idealize! Tenha certeza, porém, de que Você está idealizando o que realmente deseja, e não desenvolvendo quadros mentais de mêdo e preocupação, o que fará que aquela fôrça interior crie em Você o que Você não deseja!

Se Edison, quando estava tentando inventar a luz elétrica, tivesse imaginado fracasso em vez de sucesso, nunca teria praticado milhares de experiências antes de encontrar o filamento que carregaria a corrente elétrica e produziria luz. Pense nisso! Edison falhou 9.999 vêzes para ser sucedido uma única vez! Em cada fracasso, porém, aprendia o que *não* dava resultado, e através do laborioso processo de eliminação finalmente chegou à descoberta de alguma coisa que de fato funcionaria.

Por quanto tempo Você persistiria diante de tão imenso fracasso? Edison estava certo quando afirmou: "*Sucesso é 99% de transpiração e 1% de inspiração.*"

Quando Você sabe que está trabalhando com êste poder interior, como Edison fêz, sua fé nunca vacilará. A sua luta continuará contra todos os obstáculos e reveses imaginários, com uma convicção inabalável de que Você será bem sucedido.

Às vêzes, o fracasso em alcançar uma certa meta tem inesperadamente conduzido a uma outra muito mais compensadora. Considere o famoso caso de Colombo. Pelos seus estudos convenceu-se de que a Terra era redonda e acreditou que, navegando pelo lado oeste, poderia atingir a China e as Índias. Custou-lhe cinco anos conseguir os navios necessários para empreender a viagem. Mesmo assim a sua tripulação, tão duvidosa de suas idéias, amotinou-se e êle quase voltou. Não obstante, Colombo não perdeu a fé. A sua fôrça interior fê-lo continuar, e êle, quando finalmente divisou algumas ilhas, chamou-as de Índias do Oeste (Antilhas). Mesmo depois de ter feito mais três viagens à América, Colombo morreu sem saber que havia descoberto um nôvo mundo! A História, porém, não assinala Colombo como um fracasso. Nunca um bom esfôrço é perdido!

Se o que Você idealizou foi pensado com tempo bastante, com a clareza e a confiança suficientes, então o seu desejo deverá ser realizado. Vou repetir muitas destas afirmações por diversas vêzes, de diferentes maneiras, porque desejo que fiquem indelèvelmente gravadas em sua consciência.

Os homens e as mulheres de sucesso nunca perdem de vista os seus próprios *quadros mentais*. Continuam a rememorar o seu poder criador do que desejam na vida para que continuem a atrair tudo a fim de materializar o que imaginaram.

Exemplo do poder da imaginação

Irma e Farley O'Brien são um jovem casal que hoje vive em North Hollywood, Califórnia, na "casa dos seus sonhos". É apenas uma casa que imaginaram e, segundo o seu próprio testemunho, chegou-lhes às mãos como resultado direto de sua visão.

Durante meses tentaram encontrar aquela que seria a sua casa, procuraram em diversos bairros com ajuda de diversos corretores. Viram numerosas casas e jardins atraentes, porém nenhuma possuía aquêle indescritível encanto, aquêle aconchêgo que era o que estavam procurando, num lugar onde desejavam comprar. Finalmente, sem esperança de encontrar o que desejavam através de métodos rotineiros, Irma e Farley decidiram interromper a busca. Aprenderam um nôvo método de atrair o que desejavam — um método mágico.

Tudo que tinham a fazer era sentar-se calmamente e juntos formar um quadro mental exato da casa que desejavam, com a fé de que esta casa existia em algum lugar e que já lhes pertencia.

Irma descreveu os planos quanto à parte térrea da casa. Anteviu o panorama ao redor, o jardim, as flôres, o pátio — tudo. Ela e Farley discutiram êstes planos, concordaram com êles e ficaram entusiasmados. Possuíam pouco dinheiro para investir numa casa assim, porém tinham fé em que os recursos também haveriam de surgir se, de maneira suficiente, idealizassem ardente e claramente, colocando em movimento todos os esforços em direção do seu objetivo.

Irma disse a Farley:

— Não quero apenas uma casa. Quero um lar que tenha sido construído e amado por um casal, que o amava como eu também virei a amá-lo assim que o veja. Quero um lugar que tenha no seu interior e em sua volta uma atmosfera de amor. Quero sentir êste amor em cada cômodo, no jardim, entre as flôres. Você acha que existe um lugar asim?

— Tenho certeza de que existe — disse Farley. — Há de existir, ou Você não poderia senti-lo dessa maneira.

Então, cada noite antes de se deitarem, Irma e Farley imaginavam-se conduzidos para tal casa, onde quer que fôsse. Quando adormeciam sonhavam com o seu lar com a esperança de serem levados a êle quando a hora chegasse e quando estivessem em condições. Deixaram de lado tôdas as apreensões prévias de que não poderiam encontrar o que desejavam. De algum modo, de alguma forma, sabiam que o que estavam imaginando se materializaria.

Um dia, algumas semanas depois, Irma e Farley estavam em casa de um amigo e Irma sentiu-se impulsionada a falar-lhe sôbre a casa de seus sonhos. O amigo ouviu-a com interêsse e depois disse:

— Você acaba de descrever a casa do Sr. Davies, cuja espôsa faleceu há alguns meses, logo depois que a casa que idealizara ficou pronta. Davies ainda mora lá. Já lhe ofereceram duas vêzes mais do que lhe custou, porém êle disse que não a venderá a não ser que encontre um casal que dedique àquele lar o mesmo amor que êle e sua espôsa lhe dedicaram.

— Por favor, leve-nos até êsse homem, pediram Irma e Farley.

Quando chegaram a North Hollywood, viram a casa pelo lado de fora e pararam assombrados, não acreditando no que viam.

— É esta! — gritaram ao mesmo tempo, antes de passarem pela soleira da porta... a casa, o quintal, o jardim, as flôres, o pátio... o que pensaram havia-se transformado em vida.

Quando encontraram Davies à porta, êste, notando que o amor pela casa estava visível nos olhos do casal, disse:

— Vejo que Vocês gostaram dêste lugar. Façam de conta que estão em casa própria. Não os acompanharei. Andem por onde quiserem e não tenham pressa. Quando terminarem, estarei esperando.

Durante uma hora Irma e Farley se perderam suspensos, examinando a linda propriedade. Parecia-lhes que já tinham mudado... que já estavam vivendo naquele "lar dos seus sonhos", como talvez estivessem, no mais alto senso mental.

Mas agora era chegada a hora de enfrentar a realidade. Estava claro que aquela casa custaria mais do que poderiam pagar, que qualquer entrada excederia todos os seus recursos.

— Que faremos? — disse Irma a Farley — Encontramos a casa que sonhamos — e agora poderá ela ser nossa?

— A nossa fé nos trouxe até aqui! — disse Farley — Não duvidemos de que nos poderá levar até o fim do caminho.

Estavam fora, no jardim, e entraram novamente na casa. Quando assim fizeram, Davies abriu a porta. Parou sem dizer nada, observando-os.

— Oh! é maravilhosa... maravilhosa! — exclamaram. Exatamente o que estávamos esperando encontrar! Mas acho que deve estar além das nossas possibilidades.

— Talvez não esteja — disse Davies. — Tenho pedido uma entrada enorme a pessoas às quais não tenho interêsse em vender. Mas Vocês gostam desta casa da mesma maneira que minha mulher e eu. De um certo modo, sinto que ela nunca me perdoaria se vendesse a nossa linda casa a um casal que não compartilhasse dêste nosso profundo sentimento. Vejam quanto podem pagar — façam uma proposta dentro das suas condições.

Fêz-se um acôrdo e os O'Brien foram embora com a segurança de que a casa de seus sonhos agora se tornaria uma realidade na sua vida doméstica.

Mesmo assim, a entrada de pagamento tiraria tudo que no momento possuíam, ficando sem qualquer outro recurso à vista para completar a compra.

— Não teremos sido levados pelos nossos sentimentos? — perguntava Irma. — Devemos assumir essa enorme obrigação?

— Tudo tem funcionado tão perfeitamente, — disse Farley, — que tenho fé que assim continuará.

E assim aconteceu! A adorável casa foi comprada e hoje já está paga.

Sim, aquela fôrça interior sempre trabalha quando Você já aprendeu a utilizá-la. Trabalha de modos tão diversos, que Você nem pode imaginar, quando você nela deposita fé e faz o que acha certo fazer em qualquer situação.

No caso de Irma e Farley, o semelhante atraiu o semelhante. Estavam imaginando uma casa como a de Davies e êle tinha em mente vender sua casa a um casal como Irma e Farley. Esta visualização aproximou-os magnèticamente, utilizando como meio o amigo a quem Irma se sentiu impelida a confessar o desejo de possuir a casa dos seus sonhos.

Os canais pelos quais Você pode alcançar a sua meta são sempre providos na sua maior parte da mesma maneira pelo poder interior, quando Você idealiza o que deseja clara, confiante e persistentemente, com a fé de que êsse desejo pode ser e será alcançado.

Tudo o que é bom e correto para a sua vida pode ser levado a Você através de uma maneira certa de pensar. O que "aquela coisa" tem feito pelos outros, pode da mesma maneira simples e fácil fazer por Você.

O pensamento positivo atrai
O pensamento negativo repele

Faça uma verificação no seu modo de pensar! Você acredita em tudo o que se disse até aqui? Suas idéias estão começando a clarear? Você pode olhar o passado de sua vida e ver como tem atraído as boas coisas através do pensamento positivo e as más através do pensamento negativo? Se assim fôr, então Você está pronto a aprender o que esta fôrça criadora pode fazer em seu favor.

3

O QUE "ESSA COISA" PODE FAZER POR VOCÊ

Há milhares, sim, milhões de pessoas procurando o segrêdo — a chave de saúde, riquezas, felicidade, contentamento e solução para os seus problemas.

Através dos séculos, muitos homens e mulheres conheceram êsse segrêdo e usaram a fôrça; estou convicto de que Você também a adquirirá se vier a pensar à medida que ler, aceitando e aplicando as idéias contidas neste livro.

Qual o seu desejo?

Aonde quer ir?

Responda a estas duas perguntas e dará à sua vida propósito e direção. Se não sabe o que deseja ou para onde se dirige, Você nada alcançará e não chegará a lugar nenhum. A pessoa que possui mente instável é rodeada por condições instáveis.

Jamais se esqueça: O semelhante sempre atrai o semelhante.[1]

O que você pensa hoje determina *o que será e onde* estará amanhã.

---

1. Sim, o semelhante atrai o semelhante. É a célebre confirmação do axioma do bíblico Rei Davi, de que **abyssus abyssum invocat** (O abismo atrai o abismo). (Nota da tradutora)

Você já teve oportunidade de observar um indivíduo indeciso? Se êle estiver dirigindo um carro, ora estará numa faixa, ora noutra; diminui a marcha para fazer uma curva, depois muda de idéia e acelera o carro; durante um minuto é extremamente cauteloso, no minuto seguinte torna-se imprudente; faz isso porque êle não sabe o que está fazendo, nem ninguém sabe também.

Esta não é a maneira pela qual se vai a alguma parte e assim não se faz nada que valha a pena. Se Você é instável, incerto, indeciso nos pensamentos e ações, é um sinal seguro de que não está no completo contrôle de sua mente e emoções. É a prova de que ainda não foi apresentado a esta fôrça criadora interior que pode transformar a sua vida.

Hoje existe uma superabundância de conversas a respeito do poder atômico. Você pode notar que êles sempre fazem uma comparação do que uma bomba atômica, de hidrogênio ou de cobalto, pode realizar em têrmos de muitos milhares de toneladas de TNT.

Quando pela primeira vez descobri êsse poder em mim, a fôrça que melhor poderia descrevê-lo era o próprio TNT. Se Você tiver internamente uma fôrça igual ao TNT, não precisará de nenhum poder maior do que êle para remover montanhas de mêdo, de preocupação, de tensão, de inferioridade, de frustração, de ódio, de avareza e de preconceito, os quais estavam retendo-o e oprimindo-o.

Apenas acenda o pavio, idealizando o acontecimento de coisas certas para Você. Depois dê um passo para trás e deixe que "aquela coisa" — o poder magnético e criador que existe no seu interior — tome o comando.

Que fará ela por Você?

Escolha o que deseja e ela o executará! *Decida, acredite, idealize e trabalhe* no que decidiu alcançar, e aquela fôrça atrairá tudo de que Você necessita para completar o seu desejo.

Vencendo obstáculos

Um amigo meu que, quando criança, gaguejava, queria ser pregador. Cresceu tendo sempre consigo êsse desejo, porém quando confiava a sua ambição aos amigos e pessoas da família, era ridicularizado ou então desencorajado.

— Será melhor escolher uma vocação na qual não tenha necessidade de aparecer em público. — recomendavam êles — Jamais alguém o escutará porque Você não consegue pronunciar uma sentença sem dificuldade e quando começa a gaguejar é muito embaraçoso. Às vêzes Você leva meio minuto para dizer uma palavra.

— Mas eu não vou ficar falando assim tôda a vida. — insistia o homem — Um dia irei falar tão bem como qualquer outra pessoa. Eu me vejo falando em público e eu falarei!

Hoje, êsse homem tem uma grande igreja na costa Oeste. É um dos mais convincentes e poderosos pregadores que já ouvi, e ninguém diria que tempos atrás êle possuía um dos mais sérios impedimentos para falar.

Como conseguiu vencer esta limitação? *Idealizando!* Recorrendo àquele divino poder criador, para que o ajudasse.

Contou-me que costumava ir ao quintal e falar às galinhas durante horas, fazendo de conta que elas eram seu público e que a elas se dirigia.

— No começo — disse — parecia assustá-las com as minhas inúmeras e fortes contorções, tentando falar sem distorção das palavras. Às vêzes paravam de comer e me espiavam curiosamente, e eu imaginava que estava prendendo a sua atenção através da minha oratória. Ocasionalmente, agiam como se estivessem magnetizadas — elas têm o costume de às vêzes ficar assim — e eu então fazia de conta que as fascinava. Gradualmente fui adquirindo um contrôle próprio cada vez melhor, em parte através desta prática e em parte através de uma compreensão, que ia obtendo, do que havia causado a minha gagueira.

O meu pai foi um homem muito autoritário, que acreditava naquele velho provérbio — "uma criança deve ser admirada, porém nunca ouvida." Quando menino êle me criticava quando eu queria falar ou expor as minhas idéias. Fêz que adquirisse um complexo de inferioridade. Tornei-me medroso de ser ridicularizado cada vez que abrisse a bôca. Isto foi a causa do princípio da minha gaguez. Depois disso, tornei-me relutante para falar na presença de qualquer pessoa e ninguém queria que eu tentasse falar porque ficavam compungidos ao ver-me lutar com aquilo que queria dizer.

"Quando descobri que podia falar sem gaguejar, na presença das galinhas ou de animais domésticos, comecei a desenvolver em mim a confiança de que poderia falar do mesmo modo na presença das pessoas. Esta confiança chegou até mim como resultado de uma idéia engraçada que me ocorreu: a de fazer de conta que as pessoas eram galinhas, vacas e cavalos e assim poderia perder o mêdo que tinha delas.

"Foi um conceito infantil, porém deu resultado. Ajudou-me a não tomar as coisas tão sèriamente, a vencer o meu complexo de inferioridade e o meu sentimento de vergonha. Também compreendi que tinha *feito uma idéia* da minha própria pessoa, segundo a qual eu era incapaz de falar na presença de outros porque havia sentido mêdo das repreensões de meu pai. Tão logo mudei esta idéia e me socorri daquela fôrça para que pudesse expressar-me sem mêdo, "aquela coisa" tomou conta de mim. Eu então atraí a experiência e o treino que me tornaram no pregador que hoje sou – exatamente como havia antevisto havia muitos anos!"

Não importa sua aparente limitação! Essa fôrça criadora está pronta e esperando para ajudá-lo a vencer.

Está você preparando a sua mente para a manifestação dessa fôrça em Você mesmo e através de Você?

Como pode Você acreditar?

Primeiramente é preciso convencer-se de que êsse poder não é uma fantasia, de que é real e certo, de que você se tornará capacitado a reconhecê-lo quando o descobrir no seu íntimo e souber usá-lo.

Tal é naturalmente o propósito dêste livro – revelar a Você aquela fôrça criadora e dar-lhe o conhecimento de como fazer com que ela funcione com êxito, como tem acontecido a milhares de outras pessoas.

Você, que está lendo estas linhas, não pode, porém, ficar do lado de fora, apenas olhando com a esperança de sentir na sua consciência a fôrça explosiva dêsse tremendo poder. É preciso que abra o interior da mente, tornando-a receptiva, para que então o TNT que Você mantém escondido através do pensamento errôneo e talvez pela ignorância da sua existência, possa aparecer e começar a dispersar obstáculos, retardamentos, dificuldades e problemas construídos por Você mesmo.

Você vencerá tudo que deparar pela sua frente... não de fora para dentro, porém de dentro para fora.

As coisas primeiramente acontecem na mente antes de acontecerem fora, no mundo!

A primeira vez que Você compreender isto, será como se recebesse um golpe. Você não fará movimento algum, exceto através da sua espontânea vontade de assim decidir. Você não porá êste livro sôbre a mesa a menos que tenha, prèviamente, decidido assim fazer. Você não poderá contar com a ajuda "daquela coisa" interior enquanto não remover as restrições que colocou sôbre ela através do seu errôneo modo de pensar.

Não desanime

Jones, um bom amigo meu, não progredia no campo de negócios que escolheu – propaganda. Era apenas um como milhares ao seu redor. Um dia decidiu que poderia mudar tôda a sua situação. Não sabia o que realmente queria ou que direção tomar; então começou a olhar à sua volta.

Havia alguma posição no campo da propaganda em que êle pudesse sentir-se especialmente qualificado para preenchê-la? Sim, havia. O lugar de agente de publicidade de uma publicação nacional, similar à revista *National Geographic* – chamêmo-la de *World Travel Monthly*.

Meu amigo havia viajado pelo mundo todo. Tinha uma esperança na posição, começou a imaginar-se gerente de publicidade. Colocava um verdadeiro entusiasmo na imaginação. À medida que o entusiasmo crescia com a possibilidade de obter o emprêgo, êle fazia perguntas ao dono da revista.

– Sentimos muito, mas estamos bastante satisfeitos com o nosso atual gerente de propaganda, Mr. Haley. Está conosco há muitos anos e está realizando um bom trabalho. No que nos diz respeito, êle goza junto a nós de uma posição vitalícia.

Tal informação seria suficiente para desanimar nove entre dez pessoas, mas não Mr. Jones, que se sentiu impelido a dizer:

— Está muito certo, porém estou vivamente interessado na sua revista e teria imensa satisfação de associar-me a ela, mesmo numa posição não-oficial. O senhor se importaria se eu, sempre que puder, assistisse às suas conferências editoriais e de propaganda, fazendo sugestões de vez em quando como se fôra membro do seu "staff", sem qualquer pagamento?

A proposta foi tão fora do comum que despertou o interêsse do dono da revista.

— Eu, — disse êle a Mr. Jones, — pessoalmente não teria nenhuma objeção se está assim interessado, porém é preciso que o senhor convença Mr. Haley. Êle poderá não gostar de ter ao seu lado, desta maneira, uma pessoa interessada no seu próprio cargo; contudo, se êle estiver de acôrdo em que as suas horas de folga sejam devotadas aos nossos interêsses, sem qualquer obrigação de nossa parte, o senhor será bem-vindo para assim atuar.

Mr. Jones foi visitar Mr. Haley. Os dois homens sentiram de imediato uma simpatia mútua. Nasceu verdadeira amizade entre ambos, a qual perdurou por oito anos. Durante êsse tempo Mr. Jones tornou-se elemento de grande valor para a revista *World Travel Monthly,* integrado como estava em tôdas as fases de sua operação, ao mesmo tempo que se ocupava com outros interêsses de propaganda, que lhe proporcionavam meios para viver.

Finalmente, chegou o dia em que foi oferecido a Mr. Haley um outro cargo na Califórnia e êle decidiu, por motivo de saúde e razões pessoais, pois sempre desejou residir naquele Estado, afastar-se da revista *World Travel Monthly* e ir para o Oeste.

Atualmente Mr. Jones é o gerente de propaganda da revista *World Travel Monthly,* ocupando a posição de Mr. Haley, com completo conhecimento de suas obrigações — uma posição que mentalmente sempre se imaginou ocupando e que durante oito anos trabalhou para conseguir.

Você ainda pensa que essa fôrça interna não pode trazer o que *Você* deseja?

O que a inspiração pode fazer

Está Você desanimado, sem esperança e com vontade de pôr têrmo a tudo isto? Era assim que havia alguns anos se sentia H. C. Mattern. Em virtude de problemas familiares e econômicos, deixou a Pensilvânia e veio para Nova Iorque, onde tinha esperanças de conseguir situação melhor; porém, como geralmente acontece quando alguém está mental e emocionalmente aborrecido, as coisas vão de mal a pior.

Mattern finalmente decidiu que, uma vez que devia sete meses de aluguel, estava com os seus últimos dois dólares e havia esgotado perspectivas e recursos, o único caminho seria o suicídio; havia, porém, algumas pequenas providências que tencionava tomar, e uma delas o conduziu até ao departamento de livros, no andar térreo da loja Macy's. Passando pelos balcões cheios de livros, um dêles prendeu-lhe a atenção e desafiou-o. O título era: *Your Key to Happiness*, por Harold Sherman.

No estado perturbado da mente de Mattern, êste título agiu com o mesmo efeito que se espera de um pano vermelho em frente a um touro. Mattern escarneceu e disse para consigo mesmo: "Não existe tal coisa — uma chave para a felicidade!" — O título, porém, não lhe saiu da cabeça, exatamente como a lança de um toureiro cravada do seu lado, até que êle atingisse a calçada. Sob o efeito de um impulso, êle girou sôbre seus pés e voltou ao balcão, tomou o livro nas mãos e comprou-o com os seus derradeiros dólares.

Voltando ao seu quarto, juntamente com o veneno que comprara para pôr têrmo à vida, Mattern folheou o livro com um espírito desafiante. Numa das passagens deparou as seguintes palavras:

Quer compreenda ou não, o responsável direto ou indireto por tudo o que acontece é Você!

Mattern quase jogou o livro pela janela. Culpava outros pelos acontecimentos infelizes na sua vida, dizendo para consigo mesmo que circunstâncias além de seu contrôle o haviam colocado em condições desesperadoras. Queria ser o último a encarar-se a si próprio e muito menos admitir que poderia ser a causa de alguma de suas deficiências ou problemas.

Para provar que o autor de *Your Key to Happiness* não sabia o que estava dizendo, Mattern leu mais adiante. Quanto mais lia, porém, mais duramente era atingido.

Neste momento Você poderá estar conjeturando se existe ou não alguma saída verdadeira para as dificuldades que o rodeiam. E, se estiver pensando assim, minha resposta é: Não perca a esperança. Existe um caminho para resolver seus problemas —

para aliviar as condições que agora o oprimem; um caminho que o capacitará a alcançar na vida as coisas que para Você tenham maior significação...

Mattern tornou-se interessado. Os pensamentos suicidas começaram a retroceder para o interior da sua mente. Qual era êsse caminho? Como poderia êle arrancar-se do sorvedouro em que se encontrava?

A resposta lá estava bem clara, prêto no branco:

É preciso desenvolver a habilidade de imaginar mentalmente o sucesso desejado, seja êle qual fôr.

Lembre-se, eu lhes disse que esta mensagem não é nova — já foi escrita e proferida milhares de vêzes, porém é sempre nova para o homem ou a mulher que a recebe pela primeira vez.

Harold Sherman dizia a Mattern exatamente o que eu afirmo a respeito do poder interior. Sherman descobriu, a *seu* modo, êsse poder, como eu o descobri a *meu* modo — e nós ambos nos sentimos impelidos a "falar ao mundo e a seu respeito."

Mas Mattern precisava ver com os próprios olhos, tinha que raciocinar e a cada passo apelava para a sua lógica. Não estava para ser enganado por bonitas palavras ou promessas. Havia-se tornado demasiadamente desiludido, muito arraigado para ir ao encontro de qualquer caminho de volta, a menos que êsse caminho fôsse por êle próprio aberto. À medida que se aprofundava no conteúdo do pequeno livro, porém, as coisas começaram a ter senso, o que jamais havia acontecido antes. Começou a reviver a sua vida sob a luz de um entendimento que agora estava adquirindo a respeito da operação da sua própria mente e emoções. Pôde compreender como muitos dos seus pensamentos errôneos haviam atraído resultados danosos. Quando chegou à passagem em que Sherman afirma que um indivíduo pode, com os seus fracassos do passado, aprender a capitalizar e extrair lições construtivas, e que cada indivíduo possui alguns recursos e talentos ocultos, que podem ser cristalizados e desenvolvidos para tirá-lo de uma crise econômica, Mattern perguntou a si mesmo: — "Que coisas tenho praticado, a que poderia recorrer para melhorar a minha situação financeira?"

Voltou-se para o passado de sua vida e refletiu tristemente, lembrando que havia tocado todos os instrumentos sem que chegasse a ser senhor de nenhum dêles. Não existia nenhuma combinação de habilidades e talentos a que êle pudesse recorrer para ajudá-lo no seu desiderato. Mas, espere um pouco! Alguns anos atrás, êle havia tentado desenvolver uma fórmula química para limpar e preservar o estofamento de móveis de couro. Havia misturado ingredientes diferentes e quase alcançara uma solução satisfatória, porém acabara por desistir do projeto. Talvez, se renovasse seus esforços nesse mesmo sentido...!

Então – *bum!* – aconteceu. Sem esperar, diretamente do seu subconsciente, foi-lhe colocada nas mãos a fórmula que estava procurando! No momento em que a recebeu, sabia que daria certo! Era ela mesma!

Às duas horas da manhã, H. C. Mattern pôs de lado todos os planos para deixar êste mundo! Em vez disso, começou a planejar como iria conseguir as drogas necessárias, assim que as lojas se abrissem, para preparar a solução e encontrar um interessado em seus serviços de limpeza e conservação do couro do estofamento de móveis.

Tôdas as dúvidas se desfizeram e nasceu uma nova fé em sua pessoa e em Deus. Havia uma chave para a felicidade, e êle a encontrara!

Mattern soube naquele momento que aquela fórmula havia sido preparada por "aquela coisa", o poder criador interior, em resposta aos esforços e desejos anteriores. O único êrro que havia cometido era ter desistido cedo demais, porém a fórmula, uma vez criada, havia sido apanhada por êle no seu próprio subconsciente.

Pela manhã, um nôvo e reanimado Mattern visitou uma loja de ferragens e convenceu o dono a dar-lhe um crédito de oito dólares para que pudesse obter os ingredientes de que necessitava para fazer a mistura da fórmula. Voltou correndo para o quarto, cujo aluguel já se encontrava oito semanas atrasado, e juntou os ingredientes. Depois sentou-se para deixar que aquela fôrça interior dissesse onde êle próprio deveria vender o seu produto.

O nome W. & J. Sloane, enorme loja de móveis da Quinta Avenida, veio-lhe à mente. Naturalmente aquela companhia possuía um grande departamento de móveis estofados com couro. Mattern telefonou e obteve ligação com a pessoa encarregada e disse:

— Aqui fala H. C. Mattern. Eu consegui uma solução para limpar e conservar qualquer artigo de couro, especialmente móveis estofados com couro. Gostaria de visitá-lo e fazer uma demonstração ao senhor.

— Venha, respondeu-lhe a pessoa, convidando-o. Se o senhor possui algo assim, certamente poderemos usá-lo!

Quando Mattern chegou com a sua solução, levaram-no a uma sala e mostraram-lhe um divã cujo estofamento de couro se encontrava em triste e lastimável estado. O couro estava ressecado, rachado e manchado. Parecia não haver esperança de melhorá-lo; era um teste dificílimo para a sua fórmula; porém, Mattern aceitou o desafio. Depois de uma hora de árduo trabalho chamou a pessoa encarregada para ver o resultado. O que ela viu lhe causou espanto, ficou sem voz, era inacreditável!

— Parece que foi substituído por um nôvo divã, disse êle. Êste não pode ser aquêle velho! Vejam só, as rachaduras estão suaves e lisas, o couro está maleável, tem vida novamente e as manchas desapareceram. Sr. Mattern, acaba de ser contratado para limpar e preservar todos os nossos móveis estofados de couro.

H. C. Mattern deixou a firma W. & J. Sloane aquela manhã com um cheque de quatrocentos dólares como pagamento adiantado pelo trabalho que iria prestar.

"Aquela coisa", a fôrça criadora que Você irá aprender como pode operar em seu favor, havia realizado aquilo! Anos atrás ela teria prestado o mesmo serviço a Mattern se apenas tivesse sido invocada de maneira acertada.

E o que fêz Mattern num esfôrço para ser grato a Deus pela libertação dessa fôrça no seu interior e através dela? Naquela noite fêz a si mesmo um voto de que nunca haveria de passar por um ser humano — fôsse êle quem fôsse — que necessitasse de ajuda, sem que lhe deixasse de dedicar alguma atenção e o aconselhasse.

Não leia um livro — estude-o!

Hoje, H. S. Mattern e sua espôsa Mary são largamente conhecidos de costa a costa, como campeões das coisas boas para o país. Fizeram presente de milhares de exemplares de livros sôbre como ajudar-se a si mesmo, os quais depositaram nas mãos de presidentes de banco, líderes industriais e comerciais, deputados, senadores, governadores, garçonetes, porteiros, trabalhadores, fazendeiros, empregados de hotel, mensageiros, donas de casa, gente de tôdas as raças, classes e profissões.

Na primeira página do livro os Mattern escreviam: "Não leia êste livro – *estude-o*!" Depois grifavam, para dar ênfase, diversos parágrafos com lápis de três côres diferentes. Para terem certeza de que o conteúdo estava sendo estudado, grampeavam as páginas de diferentes capítulos ou partes de capítulo, escrevendo a seguinte instrução: "Não remova êstes grampos até que Você tenha a certeza de que entendeu e praticou o que se continha na parte anterior dêste livro", ou então: "Não estude esta seção durante um mês. Você levará êste mesmo tempo para digerir o que agora está estudando."

Mattern afirma que gastam em média uma hora para arranjar cada livro, porém "vale a pena – faz uma enorme diferença o que o indivíduo aprende em cada livro. Muitas pessoas têm o hábito de ler sem estudar e não se concentram. Eis porque não atingem meta alguma."

Quanto aos problemas contra os quais vários sêres lutam, Mattern afirma:

– Os problemas são todos fundamentalmente os mesmos e podem ser solucionados invocando-se a fôrça criadora interior.

Quanto a H. S. Mattern e sua igualmente dinâmica companheira, Mary, sua saudação "Sorria Sempre" constantemente irradia dêles, e seu espírito indômito define-se melhor pelo "slogan" de seus cartões comerciais:

REALIZANDO O IMPOSSÍVEL – PORQUE SABEMOS COMO!

Bem, e agora o que pensa Você da fôrça criadora? Está se preparando para aceitar a atuação dela na sua vida? Se assim fôr, será melhor principiar pelo método de Mattern, grifando tôdas as afirmações dêste livro que atingem Você diretamente, para que cada pensamento seja martelado dentro de sua consciência e venha a fazer parte do seu próprio pensamento.

Primeiramente, antes que Você possa libertar êste poder, é preciso que a sua mente se desfaça dos inúmeros pensamentos e sentimentos errados. É quase um sacrifício conseguir estas providências, porém elas lhe pagarão com fabulosos dividendos. Está Você no páreo? Poderá encarar-se a si próprio? Está muito bem, então sigamos para a frente!

4

PARE - PENSE ANALISE-SE

A verdadeira grandeza dum homem reside na consciência de um propósito honesto na vida, alicerçado numa estimativa justa de sua pessoa e de tudo o mais; num freqüente auto-exame, numa firme obediência às regras por êle tidas como certas, sem perturbar-se com o que os outros possam vir a pensar ou dizer, ou com fazerem elas, ou não, aquilo que êle pensa, diz e faz.

MARCO AURÉLIO

Eu admito que não exista homem ou mulher inteligente que não esteja realmente interessado em progredir, porém muitas vêzes fico pensando se não existe na maioria de nós uma qualidade negativa ou alguma inércia que nos impede de nos colocarmos em movimento.

Vou repetir um velho conto:

Numa barreira do rio Mississippi, dois negros estavam dormindo. Um dêles bocejou, espreguiçou-se e suspirou:

— Oh! eu gostaria de ter um milhão de melancias.

O outro perguntou:

— Rastus, se Você tivesse um milhão de melancias, dar-me-ia metade?

— Não, senhor!

— Você me daria um quarto delas?

— Não, eu não lhe daria um quarto delas.

— Rastus, se Você tivesse um milhão de melancias, Você me daria dez delas?

— Não, senhor! Não lhe daria dez delas.

— Bem, Você me daria uma única miserável melancia?

— Olhe, Sam, eu não lhe daria nem um bocado, mesmo que tivesse um milhão de melancias.

— Por que, Rastus?

— Porque você é por demais preguiçoso para desejar alguma coisa para si mesmo.

Há muito o que aprender nesta história. Você o entenderá à medida que eu prosseguir.

Estou inteiramente ciente de que alguns zombarão. Os escarnecedores sempre existiram, porém nenhum dêles alcançou sucesso. Na vida não atingem meta alguma, tornando-se simplesmente invejosos, enquanto aquêle que produz e caminha para a frente precisa saltar por cima dêles ou volteá-los. Não possuem nada a não ser um incômodo valor deletério na vida. Alguns de Vocês poderão não dar ouvidos a tudo isto como já fizeram anteriormente — como sempre o farão — porém àqueles que estão interessados e ainda têm vontade de aprender, prometo que poderão aprender e progredir por si mesmos.

É mais fácil ir com a corrente do que lutar contra ela, porém é preciso harmonizar-se com os outros e com tudo que existe ao seu redor.

Eis as palavras de um grande filósofo:

"Não mais permitas que o teu respirar apenas atue em harmonia com o ar que te rodeia, porém deixa que a tua inteligência neste momento também esteja em harmonia com a inteligência que envolve tôdas as coisas."

Requer-se pouco esfôrço para respirar, porém para pensar requer-se consumo de energia. Não deveria ser necessário explicar que estou sugerindo que Você afine a sua própria pessoa com as correntezas da própria vida. Aquêle que compreende reconhecerá que a natureza provê caminhos e meios para que tôdas as coisas cresçam acertadamente.

Pense um pouco e compreenderá que estou mostrando verdades que muitos podem ter esquecido. *Existe a grande e fundamental lei da compensação que torna tôdas as coisas certas.*

Não existe uma regra fixa para fazer qualquer coisa, porque alguns de nós percorremos um caminho e outras pessoas percorrem outro, exatamente como duas pessoas podem atravessar um rio... uma vai por uma ponte e outra por outra... porém no final ambas chegam ao mesmo destino. Em outras palavras, depois de tudo o que foi dito e feito, o *resultado* é que conta, e se Você se decidir a pensar na exata coisa que deseja, seguindo as simples regras que aqui são dadas, tudo que Você almeja será seu.

Chegou o tempo de Você parar, pensar e analisar-se.

Que acredita você, exatamente, a seu respeito e *por quê*?

Acha que está obtendo da vida o que deveria? Acha que está dando à vida o que deveria? A vida, como Você sabe, não é rua de uma só mão. É dádiva de Deus, o Grande Criador. Porém, desde que nasce, você está bàsicamente sob a sua própria dependência. É Você quem extrai o primeiro sôpro para viver e, se desejar permanecer na Terra, é preciso continuar respirando. Você precisa tomar um cuidado razoável com o seu corpo ou sofrerá alguma perturbação da saúde. Você precisa usar a cabeça e o que está dentro dela para alguma coisa mais do que um cabide para chapéu. Se assim não fizer, não irá muito longe nem com a sua mente nem com o seu corpo.

A situação em que Você se encontra no momento depende grandemente da maneira pela qual vem pensando e agindo, durante tôda sua vida, com relação à sua própria pessoa. Nesta vida nada acontece apenas por mero acidente. Você é a soma de tôdas as causas e efeitos que fixou em si mesmo através das suas atitudes mentais e emocionais. O *resultado final* é Você e o que Você é neste minuto!

Olhe-se no espelho. Estude cada movimento físico. Cada um conta uma história e marca a sua personalidade, numa expressão exterior.

Examine aquela expressão no seu rosto; ela indica a maneira pela qual Você pensa. Os seus olhos — que acha dêles? São claros, firmes e diretos? A pessoa que Você vê no espelho é aquela vista pelos outros. Que espécie de impressão Você quer dar a êles? Isto está inteiramente a seu cargo.

Você sabe se tem ou não personalidade. Se ela está ausente ou ainda não se desenvolveu, tome uma decisão para alcançá-la. Você pode e o conseguirá, quando se decidir a fazer como sugerimos.

Que *é* personalidade? Que é aquilo, quando Você está na presença de outra pessoa que tem personalidade, que o prende? Que é que faz Você *sentir* uma verdadeira presença que obscurece a sua?

Não é nada mais do que uma fôrça dinâmica unida a uma fôrça de vontade que a pessoa extrai do reservatório enorme do subconsciente. Existem milhões de pessoas que têm essa personalidade (algumas dizem que isto lhes é natural, e talvez assim seja, porém estão, inconscientemente, usando aquela fôrça) que lhes foi imposta ou que foi desenvolvida por elas, ainda cedo na vida. E quando aquela "coisa" chamada personalidade é sustentada pela fôrça de vontade, as coisas se movimentam.

O homem ou a mulher possuidores de atraente personalidade têm autoconfiança e auto-segurança. São pessoas que têm um propósito; sabem por onde andam, aonde querem chegar, e esta intensidade de propósitos é que transparece em seus rostos. Têm equilíbrio. Atraem outras pessoas como o ímã atrai filamentos de ferro. Todo mundo se congrega em volta de sua radiante personalidade.

Quando Você começar a entender-se, poderá desenvolver esta mesma intensidade de propósitos, esta determinação de seguir para frente. Logo depois esta determinação será demonstrada em seus olhos, nas suas palavras e nas suas ações.

Você já ouviu dizer que certa pessoa tem um olhar penetrante, que olha como se o atravessasse? Que é isso? Nada mais do que a chama interior — intensidade — ou outro nome qualquer que Você queira dar, o que significa que a pessoa que possui êste olhar geralmente obtém o que deseja. Ela compele, comanda e atrai.

Lembre-se de que os olhos são o espelho da alma. Olhe as fotografias dos homens que alcançaram sucesso. Estude-lhes os olhos e verificará que cada um traz nêles aquela intensidade; por isso eu afirmo: deixe que esta intensidade se reflita no seu modo de andar, na sua maneira de portar-se, e não demorará muito para que as pessoas sintam sua presença mesmo em meio de uma multidão — e de maneira individual, essa personalidade será sentida quando Você conversar com alguém.

De acôrdo com o meu modo de pensar, vender bônus, livros, roupas, apólices de seguros, aparelhos elétricos, máquinas de lavar roupas não é diferente de vender qualquer outra comodidade... vender a sua própria pessoa ou as suas idéias. Cheguei à conclusão de que, ao tentar o acatamento de uma idéia, primeiro preciso acreditar em mim mesmo, depois na minha idéia e na minha habilidade para vender tanto a minha própria pessoa quanto a idéia! Também constatei que Você deve saber o que está falando e sòmente um severo, pessoal, persistente e inteligente estudo o capacitará a agir assim.

Quanto conhece Você de si próprio, dos outros e do mundo em que vive? A espécie de personalidade que Você exprime depende dêste conhecimento. Você não poderá expressar-se com facilidade, segurança e autoridade, se não possuir um conhecimento de sua pessoa, dos outros e do mundo!

Acorde! Saiba o que vai ao seu redor!
Adquira conhecimento!

Você pode desenvolver e expandir a sua personalidade, acompanhando os acontecimentos mundiais. Mantenha-se informado. Descubra tudo o que possa e que seja interessante a respeito das pessoas que já encontrou ou que irá encontrar. Assim Você terá assuntos muito mais em comum. Nunca sabemos no que um nôvo amigo ou cliente em perspectiva possa estar interessado, e às vêzes será necessário conseguir a atenção dêle ou nossa própria oportunidade através de assuntos irrelevantes. Você não pode iniciar uma conversa falando sempre do tempo ou das suas dores e penas. Leia os jornais e ouça as estações de rádio mais importantes e os comentários na televisão. Faça uso dos olhos e dos ouvidos. Tenha certeza de estar em dia. Não digo que deva estar a par de todos os detalhes de um assassínio ou de um suicídio, porém adquira um resumo das atividades diárias tanto nacionais como do exterior. Isto ampliará a sua perspectiva.

Nunca se esqueça: saber é poder! Isto poderá soar como velha e enfastiante história, porém, meu amigo, é verdade!

Quem deseja dar ouvidos a um indivíduo mal informado, ignorante e egoísta?

Aumente o seu conhecimento, e o escopo de suas atividades e interêsses será grandemente ampliado, como também o desejo de coisas maiores. À medida que o seu desejo se expande, as coisas que anteriormente Você pensou que queria aparecerão na sua mente com idéias corriqueiras e serão postas de lado, o que equivale a dizer que por fim Você "engatará seu vagão a uma estrêla". E quando assim acontecer, Você se movimentará com a velocidade de um raio!

Estude, aprenda e trabalhe. Desenvolva a perspicácia de observar. Pise no acelerador. Faça melhor do que isso: arranje uma propulsão a jacto. Seja uma pessoa cheia de vida, e Você passará essa atividade para o seu companheiro, estimulando-o apenas por estar na presença dêle. Algum do seu magnetismo o contaminará e por isso êle o apreciará. Você já ouviu o povo dizer: "Divirto-me à grande em estar com fulano de tal. Êle sempre levanta o meu ânimo!"

Tenha confiança, entusiasmo, dê liberdade a um pouco daquela chama interior — "aquela coisa" — e você emitirá vibrações em seu redor. Esta é a teoria da vida, tão velha quanto o próprio mundo. O semelhante atrai o semelhante — pam, pam, pam! Estou repetindo esta afirmação e não me importa quantas vêzes Você já a tenha ouvido. Talvez se repetisse um número de vêzes suficiente — pam, pam, pam! — Você nunca a esqueceria. O semelhante atrai o semelhante.

Uma gargalhada proporciona outra gargalhada, uma boa ação pede uma boa ação, riqueza gera riqueza, amor, amor — Você continua daí por diante! Dá resultado! É contagiante. A velha lei da atração nunca falha.

Não adquira, porém, a idéia de que eu lhe esteja dando uma "supervarinha de condão" e que tudo o que Você necessite fazer seja sentar-se e começar a conversar consigo mesmo para, através do método da repetição, conseguir o que deseja. Não é assim tão fácil! É preciso que os seus desejos estejam unidos a uma vontade de agir, e isto não é tudo. O desejo e esta vontade devem estar coordenados e sincronizados de tal maneira que possam operar dentro de uma harmonia perfeita. Quando se afinam, Você verá a personalidade desenvolver-se. Então imprima ação e energia no seu esquema e tudo se movimentará à sua frente.

Creio que todos nós admiramos aquêle tipo enérgico de pessoa. Com isto quero dizer: aquêle tipo de ombros eretos, peito para a frente, cabeça erguida e olhos alerta. É fácil apontar em qualquer organização aquêles de pés vagarosos, ombros caídos, queixos pendidos e olhos parados. São oportunistas, preguiçosos ou então são aquêles que fogem de suas obrigações.

Descubra as suas faltas

Em primeiro lugar faça uma avaliação da sua pessoa. Depois estude aquêles com os quais se encontra associado, e Você poderá, com um rápido olhar, dizer os que farão progresso e os que estão destinados a fracassar.

Está Você incluído nessa categoria? Se está, saia dela!

A culpa de sermos inferiores, caro Brutus, não está em nossos astros, mas em nós próprios!

Como sabem, êste pensamento é de William Shakespeare e em seus escritos está muito claro que, em sua vida, êle conheceu e fêz uso desta fôrça interior. Levantou-se muito acima do nível comum e ganhou para si um nicho imortal no panteão literário, através da libertação do poder criativo interior.

Sim, se Você não é o que deseja e não está onde queria, é porque a culpa reside na sua própria pessoa.

Se Você é tímido, indeciso, subalterno numa rotina que tem de seguir, a causa é Você mesmo. Não culpe a "sorte". Não culpe a sociedade. Não culpe o mundo. Culpe-se a *si mesmo.* Novamente repito: mude de marcha. Saia da marcha lenta e entre em marcha acelerada. Comece por idealizar o que realmente deseja ser e Você começará a movimentar-se.

Aviso-o, porém, de que o pensamento pode atuar de maneira contrária. Através de um modo errado de pensar, Você poderá ir para trás tão depressa como iria para a frente pela maneira certa de pensar.

Esta espécie de "pensamento reversivo" ocasiona depressões e poderá trazer novas depressões. Se a mente do homem ficar em pânico; se um determinado número de indivíduos se tornar obsedado pelo mêdo e pela avareza; se a psicologia de escassez varrer a Terra; se um grande número de pessoas se tornar demasiadamente exigente ou se mover de maneira obstinada em certa direção, o mercado poderá sofrer abalo e a economia mundial poderá ficar afetada.

Você sabe que, quando uma pessoa está deprimida, tende a contaminar as outras que a cercam. Quando o barômetro desce, é sinal de tempestade. Uma carantonha tem conduzido a muitos reveses. Não leve de um lado para o outro as suas amarguras e problemas. Ninguém deseja compartilhá-los. As pessoas já possuem os seus próprios problemas e tristezas.

Coloque um ponto final nos seus esmorecimentos!

Imagine-se embrulhando os seus aborrecimentos e problemas num bonito e bem feito pacote e colocando-o à margem de uma estrada. Melhor ainda, veja-se jogando-o do alto de uma ponte para que possa ser levado pela correnteza sem que jamais volte.

Você dirá:

— Mas é impossível agir assim!

Eu responderei:

— Ajuda Você a resolver seus problemas e suas penas deixá-los pesar sôbre o seu corpo e a sua mente permanentemente?

Saia debaixo dêles! Se Você não pode ser Você mesmo, é impossível causar nos outros uma boa impressão, atrair boas coisas quando está cambaleante, sob um amontoado de coisas que já aconteceram e que não podem mais ser remediadas por lamentações.

Se a preocupação tivesse o poder de solver um problema, eu me preocuparia as vinte e quatro horas do dia e ainda pediria que Você me ajudasse. Mas infelizmente a preocupação apenas multiplica os seus aborrecimentos.

Uma fila de todos os que são crônicamente preocupados iria até a lua e voltaria. Você já tem visto muitos homens e muitas mulheres que, como o tempo, parece que estão prestes a anuviarse e chover. Pertencem à Ordem dos Devotos do Desânimo e dos Decoradores de Luto. Tudo que lhes acontece é mau ou será mau. Perderam, temporàriamente, a capacidade de ver algo de bom em alguma coisa. Estão impossibilitados de gozar o presente porque remoem o passado e têm mêdo do futuro.

Um dos homens mais sábios que conheci, de elevado desenvolvimento mental e espiritual, disse-me:

– Nunca por um momento sequer se esqueça disto: *a vida é uma proposta individual.* Não importa quanto Você, às vêzes, deseje transferir a responsabilidade dos seus pensamentos e dos seus atos a outros, ou escapar das conseqüências de certas experiências em que se tornou envolvido, o fato é que Você está vivendo num mundo de causa e efeito – um mundo em que na realidade nada acontece por mero acidente – e Você, ninguém além de Você, estabeleceu as causas, através do seu próprio pensamento, seja êle bom ou mau, das coisas que acontecem a Você!

Tenho repetidamente em minha vida comprovado isto e Você também, se apenas admitir o que foi dito. Porém quando fiz esta afirmação a algumas pessoas, tanto do sexo masculino como do feminino, elas me retrucaram:

– Êste é um pensamento apavorante. O senhor quer dizer que eu tenho atraído o fracasso, as necessidades econômicas, as doenças, as antipatias, a perda de amigos, a infelicidade...?

E quando disse a essas pessoas: – Sim, se qualquer dessas situações a atingiu, Você é a única culpada, – elas responderam-me:

– Mas nós não *idealizamos* estas coisas!

Não, talvez não o tenham, diretamente. Não se *viram* falindo, ficando sem dinheiro, tornando-se impopulares, sofrendo de esgotamento nervoso, perdendo os amigos e tornando-se infelizes, mas as suas atitudes mentais foram expressas por êstes pensamentos:

– Eu sabia que isto iria acontecer.

– Não adianta tentar, simplesmente não posso fazer!

– Não quero encontrá-lo ou encontrá-la... Sei que não vou gostar dêles!

– É a minha sina, tinha que acontecer. Sempre alcanço o pior.

– Oh! Sinto-me tão mal, gostaria de morrer.

– Vou à falência, não há outro caminho.

— Sim, hoje sinto-me mais ou menos bem, porém isso não quer dizer nada. Provàvelmente me sentirei pior amanhã.

Não são estas sugestões maravilhosas? Poderá Você agora, com o conhecimento mental que adquiriu, formar um quadro mental de como *algum* dêsses pensamentos poderá atrair coisas boas?

Ao contrário, esta espécie de pensamento só poderá trazer um resultado. Mesmo assim muitos de nós, descuidadamente, nos momentos de depressão emocional, damos atenção a tais pensamentos e depois nos preocupamos com o porquê de tantas coisas andarem mal em nossas vidas.

Prepare-se para enfrentar qualquer coisa!

Portanto, faça um inventário de sua própria pessoa! Como Você sabe, estamos vivendo uma era terrificante, uma era espantosa! Para muitos, cujas mentes não estão preparadas, é uma época de confusão e de mêdo.

O andamento da vida e dos acontecimentos aumenta com muita rapidez. As coisas se estão desdobrando com tanta rapidez que a mente humana quase não as pode compreender. Acontecimentos cada vez mais estarrecedores estão por chegar. Há alguns anos, a maior parte dessas coisas, que eram consideradas impossíveis, realizou-se. Doravante qualquer coisa pode acontecer e provàvelmente acontecerá.

É preciso que Você faça um autotreino para estar mentalmente alerta, para manter uma mente aberta e entrar em contacto com a fôrça criadora interior a fim de adaptar-se às modificações que estão por vir, para que tenha percepção íntima, compreensão e coragem para encontrá-las.

Você precisa aprender a perceber a verdade — e aceitar o que condiz com a sua experiência passada, para a sua razão e para a sua intuição — reservando julgamento de tôdas as coisas que não lhe são familiares, até que possa prová-las ou testá-las dentro de sua própria vida.

Não basta aprender as leis da mente. É preciso que Você aprenda a *usar* a mente de acôrdo com estas leis.

Por certo Você já ouviu o velho ensino de que: "*A fé sem obras é morta.*" Você precisa *trabalhar* com a sua própria pessoa, se quiser desenvolver essa fôrça criadora interior, a fim de que ela possa realizar aquilo que já fêz e vem fazendo em favor de outros.

Os homens e as mulheres afortunados são aquêles que têm visão, que sabem eliminar os seus mêdos e preocupações, que sabem permanecer calmos ìntimamente, que sabem manter o equilíbrio sejam quais forem as circunstâncias, que sabem assumir atitude mental positiva e reter a estabilidade emocional mesmo sob pressão.

Realizar um objetivo igual deve ser a sua grande meta na vida. Será o seu único guia e proteção neste mundo apressado de hoje.

Abandone todo pensamento limitado!

Prepare-se agora para colocar de lado todo pensamento estreito e limitado. Nunca repita que alguma coisa é *impossível,* não importa, no momento, quão impossível lhe pareça. Não restrinja nem acorrente a sua mente a pensamentos pequenos e cheios de preconceitos. Liberte a sua consciência dos sentimentos de remorso, antagonismo, ódio e semelhantes reações emocionais com relação a outros. Estas espécies de pensamentos impedem-lhe pensar corretamente, obter perspectiva certa com referência a outras pessoas e a Você mesmo. Retêm o seu progresso, obstando a que a fôrça criadora trabalhe através de Você.

Você pode vencer os efeitos que causou na sua pessoa o seu modo errado de pensar. Mas para alcançar isto é preciso ganhar um contrôle emocional; é preciso aprender a relaxar o corpo, a tornar passiva a mente consciente e a colocar na mente os seus justos ideais. É preciso aprender a libertar-se do domínio que os erros passados, agora estocados na sua consciência, têm sôbre Você.

Uma vez que simpatia atrai simpatia (pam, pam, pam – estou repetindo novamente!), o bem atrai o bem e o mal atrai o mal. É simplíssimo, mas Você não poderá endireitar-se sem enfrentar o passado.

Homens e mulheres já me disseram:

– Mas eu estou tentando *esquecer* o passado!

Infelizmente a mente não age desta maneira. O que é levado para dentro da consciência, lá fica retido, a menos que através de um ato de reconhecimento, de resolução e de boa vontade, Você *altere* o quadro mental ou o largue duma vez.

Com que freqüência Você se deixa ficar aborrecido por alguma coisa que alguém fêz ou disse? Você guarda na sua mente o quadro mental de cada incidente e sentimento.

Quando Você pensar nessa pessoa, invocará os mesmos sentimentos contra ela, até que os vença. Se Você não conseguir mudá-los, êles continuarão a existir como irritações na consciência e, em conseqüência, refletir-se-ão em algum distúrbio físico ou doença, ou então numa infeliz experiência.

Você deseja permitir que no seu futuro estas irritações passadas atraiam complicações similares? Então comece a trabalhar e elimine-as de sua consciência.

Pare de iludir-se!

Você precisa fazer uma análise de sua própria pessoa. Você conhece-se melhor do que qualquer amigo mais chegado ou parente jamais poderia conhecê-lo. Você terá sido capaz de disfarçar perante outros os seus verdadeiros sentimentos e pensamentos, porém bem no fundo do seu íntimo poderá dizer o que realmente pensa e sente a respeito de alguma pessoa ou de alguma coisa. Se êstes pensamentos e sentimentos não forem bons, avie-se e trate de *torná-los* bons.

Perdoe aos outros pelo que lhe fizeram. Assuma a sua parte de culpa. Não retenha ressentimentos, recalques ou ódios. Êles envenenam a mente e o corpo, perturbando a química do organismo físico, tornando-o suscetível, por tôdas as maneiras, a possíveis doenças ou moléstias. Atualmente os médicos atribuem males como artrite, reumatismo, *herpes zoster,* algumas formas de epilepsia e muitas outras doenças a perturbações nervosas e emocionais. Tem-se até verificado que muitos cancerosos podem retardar o progresso da doença controlando as suas emoções, adotando atitude otimista e sem receios.

"Aquela coisa", que existe na mente, possui um poder ilimitado para vencer, curar, criar, atrair, uma vez que Você aprenda a usá-la.

O desenvolvimento dêsse poder está em suas mãos, e se Você tiver vontade de demonstrar o seu esfôrço, acompanhe-me de capítulo em capítulo, estudando e aplicando, e, quando juntos chegarmos ao fim da jornada, Você terá a resposta para os seus problemas e estará no feliz caminho do sucesso — *sòzinho.*

5

COMO CRIAR OS QUADROS MENTAIS

Olhe para o seu interior. Nêle está a fonte do bem que sempre borbulhará se Você a escavar.

ANTIGO ADÁGIO

Antes que realmente possa alcançar, controlar e dirigir "aquela coisa", Você necessita saber exatamente como a sua mente funciona. Êste poder criador é a parte mais importante da mente, porém é fugidio, intangível e difícil de entrar num contacto, conscientemente, até que Você adquira compreensão interior da sua consciência.

Você sabia, por exemplo, que na realidade o seu pensamento não é em palavras, mas em imagens mentais? É por isso que, se Você pensa em quadros mentais e *não* em palavras, sua mente, no seu funcionamento "mecânico", não opera de maneira diferente da do Homem Primitivo de milhares de anos atrás.

Êle também pensava por quadros mentais, antes do aparecimento da linguagem. Quando saía do seu lar-caverna para a caça e retornava à tribo, a única maneira pela qual podia transmitir aos seus companheiros o que acontecera era por meio de rudes desenhos a giz ou a buril nas paredes de sua caverna.

Gradualmente, como o homem primitivo fizesse repetidos desenhos de experiências similares e associasse sons a certos objetos e acontecimentos, bastava-lhe principiar um quadro familiar e já os espectadores sabiam instantâneamente o que êle queria dizer. Como conseqüência, êsses antigos quadros foram reduzidos a símbolos, os símbolos agrupados tornaram-se letras e finalmente sentenças, e a primeira linguagem nasceu.

Porém mesmo com a nossa tão gabada civilização de hoje, com tôdas as línguas que dela evoluíram, com o enorme vocabulário que o homem moderno possui para descrever os seus sentimentos, as suas idéias e o mundo ao seu redor, êle bàsicamente ainda pensa por quadros mentais. Posso, com facilidade, provar isso.

Com calma pense em alguma experiência fora do normal pela qual Você haja passado hoje. À medida que a recorda, veja com os olhos da mente os quadros nos quais Você aparece fazendo alguma coisa, estando em algum lugar, encontrando alguém — seja qual fôr o incidente que tenha havido. Porém Você se encontra impossibilitado de me transmitir o que aconteceu até que procure as palavras, símbolos dêstes acontecimentos, quando então Você poderá relatá-lo. Eu, por minha vez, à medida que escuto as suas palavras, preciso traduzi-las em quadros diante dos próprios olhos da minha mente, para que possa ver e compreender o que Você experimentou.

Portanto, está claramente evidenciado que Você bàsicamente pensa, como já disse, através de quadros. Êste é um dos mais importantes fatos a respeito da mente, que Você jamais poderia aprender. O próximo fator importante é êste: o quadro mental formado, uma vez unido à fôrça criadora interior, pode atrair a você aquilo que Você temer ou desejar.

O poder criador é como um ímã

Isto é verdade porque o pòder criador opera como um ímã. Transmita a êle um forte e claro quadro mental do que Você quer, e êste poder criador principia a trabalhar magnetizando condições ao seu redor — atraindo a Você as coisas, os recursos, as oportunidades, as circunstâncias e até as pessoas de que necessita, para ajudá-lo a realizar na sua vida exterior o que imaginou.

Não acredita nisso? Pense na sua vida passada! Recorde-se das vêzes que Você viveu com mêdo de que acontecesse alguma coisa que, conseqüentemente, aconteceu. Você talvez não tenha compreendido isto, mas aquêles quadros medrosos impressionaram tanto "aquela coisa" interior, que fêz que ela causasse a atração de condições errôneas, tornando-o suscetível exatamente à coisa que Você temia.

Como Você vê, esta fôrça criadora interior não raciocina. Sòmente produz o que Você ordenou na forma de quadro mental, seguida de fortes sentimentos de mêdo ou desejo. Por isso esta fôrça interior é TNT, pode ser contra ou a seu favor, dependendo do seu pensamento ser construtivo ou destrutivo.

Agora Você pode entender o acontecimento de certas coisas, boas ou más, através da sua vida. "Aquela coisa" lhe tem servido, e a espécie de resultados que Você obteve dependeu da espécie de quadros mentais que Você lhe apresentou.

Nestas condições, a quanto monta a sua vida? Tem ela até agora sido cheia de tantas experiências felizes quantas infelizes? Se assim fôr, Você quererá modificá-la o mais depressa possível! E poderá alterá-la de repente por uma modificação fundamental da sua atitude mental, vencendo os mêdos e as preocupações, substituindo-os por pensamentos positivos, confiantes e corajosos.

Não existe nenhuma dúvida (e nunca houve para aquêles que compreenderam a operação da consciência) de que "conforme o *quadro* que Você forma na mente e no coração, assim é Você!"

Tenha sempre em mente êste grande fato. Deixe que êle domine o seu pensamento de todos os dias. Examine-se tôdas as vêzes que tender a sentir-se perturbado mental e emocionalmente ou a estocar em sua consciência quadros mentais infelizes e destrutivos. Deseja Você transferir tais quadros ao seu poder criador, para que sejam trabalhados por êle? Quer que êstes mêdos ou desejos sejam magnetizados para que possam atrair experiências similares a Você? Se não deseja, faça com que esta espécie de quadros desapareça de uma vez. Mude-os para melhor. Abandone todos os sentimentos de mêdo, de ressentimento, de ódio, de ciúmes — sejam êles quais forem — e os substitua por atitudes e sentimentos mentais certos. No momento em que Você assim agir, destruirá o poder que êstes quadros errôneos teriam, em conseqüência, sôbre Você.

Tome cuidado com o uso errôneo do TNT

O TNT é maravilhoso dentro de um uso acertado, porém poderá "ceifá-lo" se fôr colocada uma carga errada dentro de Você. Uma vez que limpou a sua mente dos quadros mentais e das reações emocionais errôneas, Você estará pronto para planejar com fé e confiança o alvo das boas coisas.

A fé é que dá vigor ao poder criador, "aquela coisa" interior. Adiante, terei mais o que dizer sôbre isso, porém acredite que o quadro mental que Você forma pode ser realizado. A dúvida pode destruí-lo e desmagnetizar o poder criador, fazendo que Você alcance metade, ou um resultado nulo, ou então um resultado desastroso.

Imagine aquilo que Você desejar como se já tivesse sido alcançado pela mente. Veja-se *possuindo* alguma coisa, *sendo* alguma coisa ou *fazendo* alguma coisa como um fato consumado. Não tente imaginar passos individuais que Você pensa que deverá dar para chegar aonde deseja. O seu consciente é tão limitado em sua função — limitado pelas suas cinco sensações físicas — que não pode saber qual é a melhor jogada a fazer ou a melhor direção a tomar. Porém o seu subconsciente, "aquela coisa" interior, não é limitado nem pelo tempo nem pelo espaço. Pode funcionar de uma só vez em todos os níveis e em tôdas as direções, colocando-o em contacto com tôdas as espécies de oportunidades e de pessoas que Você, conscientemente, nem conhece ainda.

Seja o que fôr de que Você necessite para adaptar-se ao padrão de realização do que Você tem em mente, será atraído pelo seu poder interior se Você persistir em visualizar, dia após dia, empenhando seu maior esfôrço em prol de seu desejo sincero.

Esta é a simples técnica a seguir. Produzirá resultados infalíveis, em tempo oportuno, se Você se tornar senhor da arte de *ilustrar mentalmente* os seus desejos.

É preciso esclarecer que existem dois tipos de mentes, a que *visualiza* e a que *sente*. Se Você acha difícil criar diante dos olhos da mente um quadro do que Você deseja na vida, não se esforce tentando fazê-lo. Você provàvelmente é do tipo que *sente*... então, tudo o que tem a fazer é concentrar-se num ponto focal imaginário do quarto escuro da sua mente e deixar-se sentir, conscientemente, que o que Você deseja se realizou na consciência, que tudo que resta é materializá-lo, pela fôrça criadora magnética, no mundo exterior. Você obterá resultados iguais aos daqueles que acham fácil visualizar.

É preciso saber relaxar!

Naturalmente, não é necessário dizer que antes de Você concentrar-se naquilo que deseja, é preciso saber relaxar o corpo e tornar a mente passiva.

Você pode relaxar-se? Poderá Você, com a sua mente, fazer que o corpo chegue a ponto de perder tôda a tensão, perdendo a noção de si próprio, enquanto Você medita e visualiza?

Muitos homens e mulheres me contaram que encontram grande dificuldade em tornarem-se "relaxados" de corpo e mente. Sentem um enrijecimento na parte posterior do pescoço, entre os olhos ou no plexo solar — num ou em todos êstes lugares. Dizem que não fizeram idéia de quão tensos eram até o momento em que tentaram ficar quietos física e mentalmente. Alguns me disseram que a sua mente consciente estava repleta de fragmentos de tôdas as espécies de mêdo e preocupações, bem como de pensamentos confusos, e que se encontravam incapacitados para apagá-los e ficar aptos para representar o que realmente desejavam.

Bem, não é de admirar. Muitos de nós vivemos quotidianamente uma vida febril. Formamos o nosso modo de pensar com maus hábitos e poucos de nós alcançam um contrôle emocional dependente. Tôdas as pequeninas coisas nos aborrecem, e carregamos durante todo o dia êsses aborrecimentos. E quando à noite, para uma modificação, queremos relaxar ou fazer algum pensamento construtivo, êles ainda estão conosco. O resultado é que, quanto mais nos aquietamos, mais conscientes nos tornamos dos distúrbios que se dramatizam na parte frontal de nossa mente.

Como podemos livrar-nos dêles? Esta é uma pergunta para "O Céu é o Limite". Valerá muito mais do que isso se Você conseguir responder. É *preciso* que Você obtenha uma resposta se quiser visualizar clara e confiantemente seus objetivos.

Você já ouviu dizer que é impossível possuir mais de um pensamento, por vez, no seu consciente? É verdade! A qualquer momento Você pode estar consciente apenas de um *único* pensamento. O segrêdo da concentração é fixar a atenção do consciente num ponto focal imaginário do consciente, tal como se fôsse uma tela mental. Visualize esta tela como se estivesse estendida dentro da sala escura da sua mente interior, e enquanto nela mantiver a sua atenção, os mêdos, as preocupações e outros pensamentos extraviados não poderão persegui-lo através dela.

Projete o seu próprio quadro mental!

Sem pressa, calma e despreocupadamente, lance o seu quadro mental nessa tela. Não tente mantê-lo por muito tempo. No momento em que Você sentir que a fôrça criadora interior recebeu a imagem, diga para consigo mesmo: Terminei... foi criado — ou qualquer outra coisa que Você sinta vontade de dizer, para acrescentar convicções à sua visualização ou aos seus sentimentos, e deixe assim.

Se Você tirasse uma fotografia, não ficaria abrindo a máquina e olhando o negativo para ver se a fotografia estava revelada, não é? Tenha fé na fôrça criadora — "aquela coisa" interior — e a revelação será feita por ela. Viva as suas atividades diárias dentro de uma feliz expectativa de que o que Você imaginou está em processo de materialização, porém repita a ilustração mental todos os dias, diversas vêzes ao dia e à noite, antes de deitar-se, até que o que Você imaginou e sentiu ter alcançado na mente, se torne um fato na vida real.

Agora a questão é: o que é necessário fazer para tornar realidade o que Você imaginou? Você não pode ficar sentado, esperando que êste poder criador faça todo o trabalho por Você. A melhor maneira de provar a êste poder criador que você está levando isto a sério é trabalhar sob a sua própria orientação, fazendo o que fôr possível para alcançar o objetivo. Às vêzes Você não alcançará o objetivo que tem em mira, porém realizará alguma coisa até melhor.

Bill MacDaniel era um dos melhores vendedores de apólices de seguro da cidade de Nova Iorque. Acreditava nos grandes podêres da sua mente e atribuía o seu sucesso ao desenvolvimento dêsses podêres. Operava dentro de uma fé absoluta de que, quando imaginava como realizada a venda de uma apólice, ou de uma anuidade, só faltava pô-la no envelope; contudo, não se entregava a nenhum pensamento no qual contava como certa a realização do que pretendia ou afirmações "polianísticas". Andava muito, fazia os contactos pessoais e preparava o ambiente para a consumação de cada transação. Havia ocasiões em que a sua intuição lhe dizia para não exercer pressão: que deveria sentar-se e esperar até que sentisse um empurrão para dar o xeque-mate.

Numa dessas ocasiões tentou vender a um corretor da Wall Street uma unidade de cinqüenta mil dólares. Êste senhor era difícil de ser convencido e a sua idiossincrasia pelos agentes comerciais era bem conhecida. Em matéria de pontualidade era exigentíssimo. Quando marcava um encontro, se a pessoa chegasse cinco minutos atrasada, já não o via. Possuía grande senso da sua própria importância e do valor do tempo. Como também passava a maior parte do tempo fora da cidade, era até mesmo difícil marcar uma entrevista com êle.

Naquela manhã especial, Bill MacDaniel estava com sorte. Telefonou ao referido senhor e tudo profetizava que o encontraria às 11 horas em ponto. Bill tomou o subterrâneo, dando grande folga para compensar qualquer tempo perdido, a fim de chegar ao encontro a tempo. Quando atingiu o Times Square, teve que fazer baldeação para Wall Street; quando andava apressado por entre a multidão, passou por uma senhora idosa, de origem estrangeira, que desorientada soluçava de mêdo, segurando uma surrada bôlsa. Ninguém lhe prestava atenção. Era apenas uma das muitas desconhecidas, numa enorme cidade como Nova Iorque, porém a imagem mental daquela patética anciã se agarrou à mente de Bill, à medida que êle corria para o subterrâneo em direção ao trem, que já estava entrando na estação. Deu uma olhada rápida no relógio. Faltavam vinte minutos para as onze horas. Mais alguns minutos e haveria outro trem. Ainda poderia chegar na hora aprazada. Bill voltou-se, subiu os degraus apressadamente e aproximou-se da velhinha.

— Olá, Vovó — disse-lhe cumprimentando-a — O que aconteceu? Perdeu-se?

— Sim... — disse ela, olhando-o cheia de esperança.

— Como se chama, Vovó, e onde mora? — perguntou Bill.

— Não sei... — respondeu, abanando a cabeça.

— Não possui nenhum parente — um filho ou uma filha?

— Eu não sei... — disse lastimando-se.

A pobre mulher estava tão aborrecida e confusa, que não conseguia pensar.

— Vovó, — disse Bill, — eu poderia olhar na sua bôlsa?

Ela lha entregou. Bill abriu a poída bôlsa e, remexendo por entre os seus objetos, encontrou um pedaço de papel onde estava rabiscado um enderêço. Estavam anotados um nome de mulher e um número em certa rua de Brooklyn.

Bill leu para a velhinha e perguntou:

— É o nome de sua filha?

— Sim, sim! — disse a mulher, cujo rosto se iluminou — É minha filha.

— É para lá que a senhora vai? — perguntou Bill.

— Sim, Sim!

Bill tomou-lhe o braço, dizendo:

— Venha, Vovó, não se preocupe. Tudo dará certo. Vou colocá-la no trem certo.

Conduziu-a pelos degraus. Um trem para Brooklyn estava para sair. Bill fêz um sinal para o guarda do carro mais próximo.

— Espere! — gritou êle — Esta senhora está perdida. Eu tenho o seu enderêço aqui. Ela está tentando chegar a casa de sua filha em Brooklyn. Poderia providenciar para que ela desça na parada certa e pedir ao chefe do trem que passe um telegrama ou telefone à filha, para que vá encontrá-la?

— Naturalmente que providenciarei, senhor, — disse o guarda, pegando o papel com o enderêço.

— Entre, Vovó. Nós tomaremos conta da senhora.

Bill viu a velhinha a salvo no trem. Enquanto a porta se fechava, ela virou-se e disse com voz alquebrada e cheia de gratidão:

— Deus o abençoe!

Bill olhou o relógio novamente. Sete minutos para as onze. Havia perdido o seu encontro. Não adiantava ir até a Wall Street. Seu cliente não o receberia. Qualquer outra pessoa, menos Bill, diria:

– Isso é o que ganhei por haver bancado o Bom Samaritano... perdi a oportunidade de vender uma apólice de cinqüenta mil dólares.

Admitiu ter sentido um golpe de amargo desapontamento. Havia planejado, durante semanas, promover êste contacto e era difícil compreender porque havia armado a sua própria cilada. Não havia dúvida de que alguém viria em socorro da velha senhora, alguém que não estivesse tão premido pela hora. Mas por alguma razão que não podia entender, êle não pôde continuar o seu caminho sem fazer alguma coisa por aquela criatura. Talvez porque lhe houvesse ocorrido o seguinte pensamento: Esta é a mãe de alguém. E se fôsse minha mãe eu não gostaria que alguém a auxiliasse?

Ora, bem, agora estava tudo terminado e se sentia contente por ter feito o que fêz. Se assim não tivesse agido iria sentir-se sempre perseguido por aquêle olhar apelador da velhinha quando por ela passou e por aquêle esfôrço desesperado e pungente para conseguir um auxílio humano.. Mesmo assim, não é todos os dias que aparecem boas perspectivas como esta...

Quando estava para apanhar o subterrâneo em direção ao seu escritório, repentinamente ocorreu a Bill que êle se encontrava nas vizinhanças da Quinta Avenida com a Rua Quarenta e Dois, endereço de outro freguês em perspectiva, com quem êle seis semanas atrás havia deixado a proposta de cem mil dólares referente a uma anuidade. Êste senhor havia estado na Europa e Bill lera nos jornais a notícia sôbre a sua volta recente. Não haveria mal algum, uma vez que estava tão próximo, em dar uma chegada até lá a pretexto de lhe dar as boas-vindas.

A sala de recepções estava apinhada de pessoas que esperavam para vê-lo, e Bill voltou para ir embora. Não havia marcado hora para encontrá-lo e não adiantaria nada ficar esperando, com uma fila enorme na sua frente. No momento em que caminhava em direção do elevador, a porta do escritório particular do homem estava aberta para o corredor. Era um dia quente de agôsto e parecia que êle tinha necessidade de uma ventilação corrente. Agindo sob um impulso, Bill caminhou pelo vestíbulo e olhou para dentro. Para sua surprêsa, o homem lá estava, só, sentado à sua escrivaninha, estudando uns papéis. Êle levantou os olhos e ambos se olharam ao mesmo tempo.

— Bill MacDaniel! — exclamou êle — Entre! Isto é que se chama coincidência! Estava para telefonar-lhe! Estava estudando a sua proposta sôbre anuidade. Estive num acidente de automóvel a noite passada e decidi que deveria ter mais alguma cobertura.

— Mas o senhor está com o escritório cheio de gente! — disse-lhe Bill.

— Deixe que esperem, — respondeu-lhe êle, — isto é mais importante.

Quarenta minutos depois, Bill saiu com uma anuidade de cem mil dólares vendida. Se não fôsse pela velhinha... Sim, Você compreende onde eu quero chegar...

Esta passagem ensinou-me uma das maiores lições de minha vida. Bill disse-me quando contou a sua experiência:

— "Lance o seu pão sôbre as águas que elas o trarão de volta transformado em *bôlo!*"

Nisto existe uma lição para Você. Visualize aquilo que Você deseja, o melhor que puder; faça o impossível para ajudar-se a realizar o que Você tem em mente, através dos seus próprios esforços; quando as coisas, aparentemente, andarem ruins, tenha fé em que elas o conduzirão a alguma coisa tão boa ou melhor, e na maioria das vêzes assim acontece!

O *pensamento* em contacto com "aquela coisa" faz que tudo, com exceção da natureza, se manifeste. Um simples pensamento, não continuado — um clarão desfeito ou perdido — pode ser comparado a uma oscilante rôlha de cortiça sem destino e sem propósito. Contudo, o *mesmo* pensamento, o quadro mental do que Você deseja, guardado com constância, atrairá, exatamente como o ímã, o seu objeto. Quanto maior e mais poderoso o ímã, maior será a sua fôrça de atração. O mesmo acontece com o pensamento firme. Quanto mais poderoso êle se tornar, mais êle atrairá.

Assim como uma lente enorme, colhendo os raios solares e focalizando-os sôbre um determinado lugar, queima-lo-á formando um buraco, assim fará o pensamento persistente e vigoroso (o quadro mental vivo) dirigido sôbre o objeto correlato. Contudo é preciso que Você veja mentalmente o quadro do seu objeto ou ideal como uma realidade... veja os detalhes como se existissem, exatamente como Você quer que o objeto ou o ideal realmente sejam... então, como que por mágica, a cadeia juntará por si os seus elos.

Agora volte e leia isto outra vez, até que fique impresso permanentemente na sua mente.

6

COMO SONHOS FANTASTICOS PODEM TORNAR-SE REALIDADE

Existe uma frase muito repetida que lhe deve ser familiar: "Posso sonhar, não posso?" Porém esta exclamação geralmente tem um certo tom de futilidade, como se a pessoa que a diz não tivesse fé alguma em que os seus sonhos pudessem vir a realizar-se.

Realmente, aquêle que ousa sonhar ou acreditar nos seus sonhos é, em larga escala, o criador do seu futuro.

Você não seria um homem normal, médio, se não possuísse desejos ocultos e os chamados sonhos fantásticos. Conquanto Você não queira confessá-los a ninguém, Você às vêzes constrói os seus castelos, vê-se fazendo ou possuindo alguma coisa, ou então indo a algum lugar. Você é tomado de uma certa alegria só em imaginar que os seus castelos no ar, por um momento, são reais. Raramente, porém, Você coloca o poder do seu próprio sentimento e de suas convicções atrás dêsses sonhos. Nunca teve fé em que poderiam tornar-se acontecimentos reais, se os tomasse sèriamente em vez de fantasiosamente.

– Oh! Eu não espero nunca realizar alguma coisa assim – disse-me certa vez uma senhora que vivia sonhando de olhos abertos em fazer uma viagem à Europa. – De qualquer maneira, é bem divertido imaginar isso.

Quando lhe assegurei que, se ela realmente desejasse ir à Europa, poderia fazê-lo, ela riu e disse-me:

— Não vejo como. Nunca possuirei dinheiro suficiente para fazê-lo.

— Naturalmente nunca terá, enquanto continuar com êsse pensamento negativo. Qualquer afirmação que faça a respeito da sua pessoa é: "Não espero nunca... Nunca terei" e assim por diante. O que a senhora faz é instruir a fôrça criadora interior a não fazer nada pela sua pessoa — mantê-la a distância de possuir dinheiro suficiente ou de realizar algum feito — e está obtendo o que vai mentalmente cultivando.

Levou algum tempo para compreender o que estava fazendo a si própria, e depois disse:

— Está bem. De hoje em diante terei pensamentos positivos, porém ainda não posso compreender como conseguirei ir até a Europa.

— Deixe isto para o seu subconsciente, para o poder interior — aconselhei-a. — Apenas imagine-se fazendo a viagem para a Eurapa e deixe que a fôrça criadora interior abra caminho para ir até lá e arranje também os meios.

— Parece-me um tanto maluco, — disse-me ela, — contudo, tentarei.

— É preciso que tenha fé, — avisei-a. — Não lhe basta limitarse a fazer os movimentos necessários a pintar o quadro em que se vê na Europa, sem fé, e um dia lá chegar.

— De acôrdo. Empreenderei todos os meus esforços. E veremos o que irá acontecer — respondeu ela.

— Um momento, a senhora está se expressando de maneira duvidosa. A senhora não irá ver o *que* acontece — a senhora irá ver *isto* acontecer.

— Nunca entenderei o sentido desta espécie de pensamento — disse-me rindo.

Oito meses depois recebi uma carta dessa senhora, vinda da Europa, porém pelo nome não a reconheci, o que só consegui fazer depois que ela se identificou.

"Estou aqui, escrevia. O resultado foi exatamente como o senhor previra. Sòmente que para isso precisei me casar".

"Maravilhoso — pensei — "aquela coisa" interior trouxe-lhe não só uma viagem para a Europa como também um marido." Quando Você começa a idealizar o aparecimento de boas coisas no seu caminho, é possível que Você obtenha mais do que está negociando.

Faça com que a sua mente comece a bombear

Clarence Saunders, agora com 67 anos, está a caminho de sua terceira fortuna. Antes de completar 35 anos êle teve a primeira. O seu colossal sonho de uma cadeia dos famosos supermercados "Piggly Wiggly" se realizou. Saunders acha que é fácil pensar em "idéias milionárias", uma vez que Você engrene a mente para isso.

— Minha mente está sempre bombeando e eu nunca posso saber o que ela trará para cima, porém eu deixo o poder criador a rédeas sôltas e êle sempre vem à tona com alguma coisa de valor — disse-me êle.

Hoje Saunders está lançando a sua nova idéia, uma cadeia de mercearias a que deu o nome de "Food-electric". A casa opera tão automàticamente que o freguês pode por si mesmo apanhar as suas mercadorias, embrulhá-las e agir como o seu próprio caixa.

— Elimina aquêle amontoado de pessoas na hora do pagamento, corta as despesas de administração e capacita um pequeno quadro de pessoal a tomar conta de um tremendo empreendimento — declarou-me Saunders. — Eu posso tomar apenas oito empregados; em qualquer outro supermercado, do mesmo tamanho, teria necessidade de pelo menos quarenta, talvez sessenta e cinco pessoas. Na minha vida, tenho feito e perdido milhões de dólares, porém agora estou a caminho do meu próximo milhão.

Como é que se pode deter um homem assim? Está a sua mente, leitor, funcionando com todos os cilindros na idade de 67 anos? Ou não estará? Não estará, a menos que Você a treine para isso. Para onde quer que Você vá, carrega sôbre a cabeça uma fortuna em potencial. Faça que a sua mente comece a bombear, sugere Saunders, e Você poderá descobrir o petróleo.

— Castelos no ar — diz Você. — Nada disso poderá acontecer comigo.

Observe êste pensamento negativo. São inconcebíveis as possibilidades que temos interiormente ao dar ao poder criador interior uma oportunidade de estar em serviço.

Tinham os irmãos Wright um sonho fantástico quando se imaginaram construindo e voando no primeiro aeroplano? Muitas pessoas de visão curta pensaram assim e os ridicularizaram a valer, porém isto não deteve os irmãos Wright. Tiveram a coragem de continuar com a sua fé, com os seus sonhos e com o seu trabalho à frente do cepticismo e trouxeram ao mundo uma nova maneira de se viajar.

Como vemos, são poucos aquêles que possuem visão. Não podem ver além do momento presente. Tornaram-se tão imersos em suas dificuldades e problemas correntes, que não podem idealizar nenhuma saída.

Sonhar é o caminho para escapar em direção ao futuro — o caminho para livrá-lo do presente, criando novas oportunidades e desenvolvimentos. Não quero dizer que Você possa esquivar-se das responsabilidades e dos problemas presentes... porém a cura para muitos dêstes está no seu futuro, como a esperança para o seu auto-aperfeiçoamento.

"Olhe sempre para a frente — nunca para trás", esta tem sido a advertência dos homens sábios que souberam que o passado nada pode fazer por Você, porém no futuro sempre há uma promessa se Você, nas palavras de Peter Ibbetson, "sonhar direito".

Quão grande é a sua fé?

Por quanto tempo Você poderia persistir num sonho — alguma coisa que realmente deseje — se levasse alguns anos para se transformar em realidade? Sua fé enfraqueceria? Seu entusiasmo morreria? Você acharia que os obstáculos aparentes eram muitos e que nunca poderiam ser vencidos? Transigiria consigo mesmo e se decidiria por alguma coisa menor do que aquela que originàriamente idealizou?

Faça a Você mesmo estas perguntas, enquanto Zora Adler, de Glendale — Califórnia — conta o sonho que carregou consigo durante vinte e dois anos e que ela e seu marido, Dan, acabaram por realizar. É uma das mais notáveis e inspiradoras demonstrações de visualidade, de fé, de espírito perseverante, de harmonia, de cooperação e do perfeito trabalho do poder interior que jamais chamaram minha atenção.

Eis a emocionante história da Sra. Adler, relatada com as suas próprias palavras:

"Penso que o meu sonho realmente principiou, há vinte e dois anos passados, quando olhei para as colinas acima de nossa casa em Glendale e disse a Dan, meu marido:

"— Um dia construiremos uma casa lá em cima."

"Nove anos depois, construímos *mesmo* uma casa na metade do caminho entre as colinas e o meu verdadeiro objetivo. Porém ainda tinha o meu coração colocado nas alturas. Algum dia ainda teríamos a nossa casa onde originàriamente havia imaginado. Como observei que a maioria das pessoas andava preocupadamente olhando para o chão, decidi que o remédio para isto era levar as minhas duas meninas para um passeio por entre as colinas, para que pudessem olhar as árvores e as nuvens, pois há muito para ver quando se erguem o rosto e os olhos para cima.

"Foi num dêsses passeios pelas colinas que andei por uma planície de onde pude avistar San Fernando Valley, Los Angeles, Long Beach e até Santa Monica Palisades, e senti de imediato um apêgo pelo lugar.

"Impulsiva e estàticamente disse às meninas: — Vamos construir uma casa aqui!

"Pequenas como eram, ficaram eufóricas e adoraram a idéia, porém imagine dizer uma coisa destas — ter tal plano — quando mal havíamos completado a nova casa, havia quase três anos!

"Bem, fomos depressa para casa, quase receosas de que o lugar se fôsse antes que pudéssemos voltar com o Papai para mostrar-lhe o nôvo local da casa. O pensamento constante era que êle poderia mostrar-se aborrecido com êste interêsse numa construção em outro local e preocupar-se com a sua espôsa, pensando que ela era daquele temperamento que nunca está satisfeito. Porém, para a minha surprêsa e alegria, êle voltou na mesma hora conosco e assim que viu o cimo da colina e o panorama, disse: — Procure saber a quem pertence esta propriedade.

"Isto aconteceu há treze anos!

"Na manhã seguinte fui à Prefeitura em Glendale e soube que os proprietários eram o Sr. e a Sra. Jennings, que residiam em San

Diego. Escrevi a carta usual de informações e a expedi — sugerindo que o terreno talvez estivesse à venda e que poderíamos adquiri-lo. Não sei porque, desde o "comecinho" nunca duvidei de que o terreno seria nosso.

"Não fiquei nada admirada quando o Sr. Jennings nos escreveu que poderíamos comprá-lo — mas o milagre ainda não se realizaria. O preço estava muito acima de nosso alcance, pois ainda estávamos pagando a nossa casa, havia negócios e a perspectiva de mais filhos; achamos que não poderíamos dar tão grande passo, porém todos os domingos à tarde dávamos um passeio até o "nosso lote" e no chão desenhávamos a planta de nossa casa.

"Num dêsses domingos, estava de corpo e alma dançando em roda com as meninas e meu marido, pois tinha conseguido perfeita planta para a nossa casa e podia *vê-la* erguida e tôda terminada.

"Um casal já idoso havia subido até a colina enquanto lá estávamos, e notei que êles nos haviam espreitado. Depois de um momento, foram chegando até onde nos encontrávamos, preocupados com a nossa planta feita no chão, e esta foi a nossa conversação:

"*O Senhor idoso*: — Vejo que estão desenhando a planta de uma casa!

"*A Sra. Adler*: — Oh! sim, vamos construir uma casa aqui!

"*O Senhor idoso*: — A senhora está interessada neste terreno?

"*A Sra. Adler*: — Sim, na verdade estamos — êste é o nosso terreno, o nôvo local de nossa casa!

"*O Senhor idoso* (rindo): Isto é muito interessante, pois eu sou Jennings. Minha senhora e eu somos os donos desta propriedade!

"*A Sra. Adler* (um pouco assustada): Bem, Sr. Jennings, é um prazer conhecê-lo — porém eu não retirarei uma palavra sequer do que disse. Não vamos construir agora mesmo, porém sinto que devo comunicar-lhe que isto é exatamente o que pretendemos fazer. Desde que existem outros três lotes, não gostariam de ser os nossos vizinhos?

"O Sr. Jennings sorriu e respondeu que ficariam encantados e que iriam construir no terreno da frente, mais ou menos uns cinqüenta pés abaixo do nosso.

"Durante o curso dos próximos onze anos, o Sr. Jennings escreveu-nos três vêzes, sempre dizendo que iria vender os terrenos e pedindo que, caso ainda estivéssemos interessados, lhe comunicássemos imediatamente. A ocasião ainda não nos era propícia, porém finalmente lhe disse que não esperasse mais e colocasse a propriedade à venda. Afirmei-lhe contudo que achava correto avisá-lo, para que não perdesse tempo; de que os *Adlers*, mesmo que o terreno fôsse vendido, é que iriam construir lá, de modo que seria provàvelmente uma inútil questão de compra e venda deixar que o terreno fôsse adquirido por qualquer outra pessoa. Rimos muito com isto, porém êle realmente não suspeitou quão séria era a minha *afirmativa*!

"Passaram-se quase onze anos quando entrei em contacto com o Sr. Jennings outra vez dizendo que agora estávamos em condições de comprar o terreno! Êle veio a Glendale e imediatamente assinamos os papéis. Que emoção maravilhosa e que satisfação completa! Quando nos levantávamos para deixar o escritório, Jennings tomou a minha mão e disse:

"— Sra. Adler, eu creio que a senhora pôs mau-olhado na venda do meu terreno!

"— Oh! não, Sr. Jennings, não faria isto a ninguém!

"— Bem, para seu conhecimento, penso que a senhora gostaria de saber que por três vêzes, exatamente como agora, nos sentamos à escrivaninha para vendê-lo a outra pessoa, porém alguma coisa acontecia e a transação se desfazia. Foi o seu mau-olhado, sim! Todos os outros lotes foram vendidos e êste — o melhor dêles — estava, aparentemente, reservado para a *senhora*!

"Poderia ter-lhe dito que havia depositado tudo nas mãos de Deus havia uns treze, senão uns vinte e dois anos, e que sabia então que a casa dos nossos sonhos já era uma realidade!"

É preciso ter uma fé inabalável!

"Êste, porém, ainda não foi o final! Depois de, por fim, nos tornarmos proprietários, entramos em contacto com um construtor. Êle olhou os nossos planos e disse que, a menos que tivéssemos 36 000 dólares disponíveis, não teríamos possibilidade de construir a casa. Ri e perguntei-lhe se tivera oportunidade de conhecer alguém que possuísse essa soma. Respondeu-me que o êrro das pessoas como nós era ter grandes idéias; que deveríamos ir a um arquiteto e dizer-lhe de quanto poderíamos dispor e depois construirmos uma casa de acôrdo com a quantia disponível. Dissemos-lhe que não era a casa que desejávamos, e saímos. Como o senhor sabe, desenhei todos os planos e não iria aceitar menos do que havia sido idealizado!

"De qualquer modo, com o espírito um pouco abatido, dirigi-me ao meu querido espôso, que me disse:

"— Onde está a sua fé? Construiremos, sim, a nossa casa. Existem outros construtores. Êle apenas não é a pessoa que deve construí-la. Vamos falar com o Sr. Brown, que está bem informado destas coisas.

"Assim fizemos e o Sr. Brown nos encaminhou para uma possível solução. Tudo nos conduziu a um construtor que possuía tudo de que necessitávamos. A nossa casa é tal qual planejamos — tôdas as portas e todos os pregos — e nos custou milhares menos que $ 36 000! Para Deus nada é impossível!

"Agora que a casa dos nossos sonhos está pràticamente terminada e estamos prontos para mudar, tôdas as pessoas que chegam até a propriedade e vêem a casa, que teve Deus como co-construtor, observam que existe algo diferente no que sentem a respeito do lugar. Não é apenas outra casa e outro terreno. Os peritos têm sido todos agradáveis e bons, existe uma atmosfera de paz, de alegria e de harmonia por todos os lados.

"É interessante também notar que a ocasião de nossa compra foi a melhor. Valeu bem a pena esperar, porque se a tivéssemos comprado antes, não teríamos sido protegidos com os melhoramentos... temos até uma rêde de esgôto! Devo ainda acrescentar que o nosso terreno foi diversas vêzes (na verdade três mil dólares) mais barato do que o próximo lote vendido, e o senhor poderá constatar, depois de vê-lo, que o nosso local no cimo da colina é muito mais agradável do que qualquer dos outros situados nos arredores!

"Os melhores sócios que poderíamos ter foram Deus e o Poder Divino interior; seria muito difícil convencer do contrário a nossa família!"

E agora, que acha Você dos sonhos fantásticos? Como os O'Briens, os Adlers alcançaram a casa dos seus sonhos. Custou a êles anos de espera. Não a encontraram pronta. Primeiro acharam o terreno, depois criaram a casa nas suas mentes, fizeram as plantas, permaneceram no propósito de que seriam capazes de comprar o terreno que escolheram, e arranjaram o dinheiro para construir a casa que desejavam. Para que alcançassem tudo isso foi necessário que tivessem fé e persistência inabaláveis, que nunca perdessem de vista o seu alvo, não permitindo que os seus quadros e desejos mentais fôssem perturbados ou modificados, e que continuassem firmes no que desejavam — acontecesse o que acontecesse!

Valeu a pena? — Claro que valeu! E Você dirá o mesmo quando na vida acertar o seu alvo — seja êle qual fôr — e convocar o seu poder interior para servi-lo, como serviu e continua servindo os O'Briens e os Adlers dêste mundo. Êste poder nunca o desapontará... se Você não o desapontar!

Os Adlers educaram as suas filhas a pensar da mesma maneira — a idealizar para si próprias a felicidade, o sucesso, a saúde, a não ficarem prêsas a pensamentos de mêdo e preocupação, a adicionar o poder da sua própria idealização à formação dos quadros mentais formados pelos seus pais. Produz-se tremendo poder no círculo de uma família em que todos vivem em harmonia. "Onde duas ou mais pessoas se reunem" — as coisas acontecem!

Encha os seus sonhos com o sôpro da vida, acreditando nêles, mantendo a fé sem hesitação, aconteça o que acontecer, e em conseqüência, se Você perseverar, êles se tornarão uma gloriosa realidade!

7

PAM - PAM - PAM!

Vamos arrumar o palco. Quero chamar a sua atenção para o poderoso efeito da repetição e da reiteração.

Por exemplo, tome um martelete pneumático. Você já viu um, usado para quebrar o concreto sólido ou para furar chapas de aço. É o ta-ta-ta-ta dêsse martelete, impulsionado por uma terrível fôrça, que causa a desintegração das partículas e produz um sulco ou um buraco no objeto sôbre o qual é colocado.

Todos já ouvimos falar dos antigos sistemas de tortura do pingo d'água sempre a gotejar sôbre a testa de alguém. Talvez lhe sejam familiares "As Botas" de Kipling. É o cadenciar incessante das botas que torna o homem louco.(1) É a constante e infindável repetição que penetra.

Conquanto Você possa atinar como a repetição funciona nas coisas materiais, não pode apreciar inteiramente a tremenda impressão que a repetição também exerce sôbre a mente humana.

Você deve há muito ter reconhecido que a base fundamental da propaganda é a repetição; chama pela reiteração.

---

1. É o compassar impertinente e contínuo, o ringir monotono e cadenciado de botas, a que se referia Eça de Queirós, que não os tolerava, que enervam e tresloucam a gente... (Nota da tradutora).

"Isto faz um bem!'... "477"... "Tosse? Bronquite? Rouquidão?"... "Quem são os amigos da Minervina?"... "É melhor e não faz mal"... "Sumindo... Sumindo... Sumiu."

Repetem, cantam, tocam e ilustram êstes dísticos, que é um nunca acabar; pelas constantes repetições da propaganda, os méritos de cada produto são implantados na sua consciência e Você, até mesmo dormindo, quase os recita Pam — Pam — Pam, êles vão ao seu encontro tôdas as vêzes que Você liga o rádio, a televisão, vira a página de um jornal ou de uma revista, viaja pelos arredores, vê ao longo das estradas tabuletas que, competindo com o cenário, parecem gritar: "Só... dá ao seu carro o máximo!"... "Uma boa estrêla em cada estrada!"... "O máximo de quilometragem em cruzeiro"... Você olha para os céus, um aeroplano passa, puxando uma flâmula ou então escreve com fumaça uma frase de propaganda. Nos subterrâneos, nos bondes, nos ônibus, nas estrada, nos navios, nos táxis, nos automóveis, nos caminhões, em tudo que se move, até nos animais, Você vê propaganda de alguma coisa. A poderosa fôrça de repetição — repetição — *repetição!* Você pode possuir uma memória fraca, porém nunca se permitiu esquecer um produto de propaganda, mesmo por um dia!

Pense nos tempos passados. Através da ciência da repetição, Você aprendeu o alfabeto, a tabuada. A-Bê-Cê... duas vêzes dois são quatro... b-o, bo; b-a... bôba... Pam, Pam, Pam! até que alcance a coisa ou a coisa alcance *Você!*

Tudo o que Você já memorizou fica impresso na sua consciência através da repetição. Você está constantemente (*pam, pam, pam*) sendo lembrado a reafirmar (mais *pam, pam*) a sua fé numa crença religiosa. A mesma ciência, outra vez e mais uma vez. Repetição, reiteração. Pam, pam, pam!

Arthur Schopenhauer disse: "Não existe absurdo tão palpável que não possa ser firmemente implantado na cabeça humana, se apenas começarmos a inculcá-lo antes da idade de cinco anos, através de uma repetição constante e com ar de grande solenidade."

Estreita é a ligação entre o consciente e o subconsciente ou a mente subjetiva. Qualquer estudante do assunto sabe o que se pode conseguir por um contato definitivo com o subconsciente. Quando Você capta um quadro específico e detalhado no consciente, usando êste processo de reiteração ou repetição, e liga a mente subconsciente, tem sob seu comando um poder que assombra.

Os hábeis promotores e os espertos defensores recorrem às emoções dos jurados, nunca à razão consciente. E como fazem isto? Simplesmente pelo processo de repetir e de dar ênfase, de maneira reiterada, aos pontos a que desejam que se dê importância. Fazem isto com o uso de palavras, variações de argumentos e tons de voz, provocando emoção. Atrás de tudo está aquêle pam, pam, pam — martelando o subconsciente, fazendo os jurados acreditarem. Êles escutam isto uma vez atrás de outra... deve ter sido isto mesmo!

É importante ficar com a sua idéia, uma vez que Você a conseguiu e acha que está certa. Repita-a muitas e muitas vêzes. Peça ao marido ou à espôsa, ou então a um amigo chegado, que a idealize juntamente com Você, caso estejam em harmonia e sejam simpatizantes com os seus desejos objetivos. É assim que a fôrça é gerada.

Use o sistema do pam, pam, pam!

Quando Você tiver o quadro firme na mente, comece a usar o sistema do pam, pam, pam, como já descrevi. Será a repetição, a reiteração dêsse quadro sôbre a mente subconsciente que fará a fôrça criadora interior produzir resultados para Você.

Os homens e as mulheres de sucesso mundial vivem diàriamente com suas idéias. Conservam sempre em mente os seus objetivos. Não é apenas o caso de idealizarem, uma vez, alguma coisa e depois esquecerem. Não é nenhum desejo "aguado" ou alguma aproximação inútil. Querem trabalhar mesmo. Esperam alcançar as suas metas e estão prontos para trabalhar dia e noite, caso seja necessário, para lá chegar; têm fé nesse poder interior e certeza de que êle trabalhará ao lado dêles, guiando-os na forma de estímulos para moverem-se na direção correta, magnetizando condições à volta dêles, atraindo recursos e oportunidades de acôrdo com as suas necessidades!

Você poderá medir a intensidade dos seus próprios desejos, comparando-os. Quanto de esfôrço e sacrifício está Você querendo pagar para atrair as coisas que deseja na vida? Está com vontade de tentar conseguir alguma coisa vêzes seguidas, até que pela repetição Você adquira, de um fracasso aparente, a experiência e a habilidade para empreender? Se Você está com vontade mesmo, conseqüentemente será bem sucedido. Nada poderá detê-lo. Todos os obstáculos se renderão à sua vontade, à sua orientação, à sua fé e ao Dom Divino do poder criador interior, caso tenha persistência. Você deve compreender, porém, desde o princípio, que não se pode obter alguma coisa a trôco de nada. O Universo não age desta maneira. É preciso que Você despenda esfôrço e fé, se deseja receber.

Pam, pam, pam — idealizando o que Você quer, durante vêzes seguidas, pequenas gôtas d'água, o infindável bater do mar sôbre a praia, o pisar dos pés sôbre as escadas de pedra, causa e efeito... causa e efeito... a ação sempre ocasiona a reação... À primeira vista Você não poderá notar, porém as fôrças da natureza e da mente, centralizadas em qualquer obstáculo, podem movê-lo com o tempo, podem desgastá-lo ou modificá-lo.

Junte sua fôrça à fé

A fé remove montanhas, montanhas de mêdo, de dúvidas e de preocupações; a fé, mantida muitas e muitas vêzes — a fé na sua própria pessoa, a fé no Poder Divino interior. É uma operação que, vista num relance, é simples, silenciosa e sem aparato; porém depois de um longo tempo Você ficará assombrado com o que ela consegue realizar.

Ora, Você é a soma do que acredita, bom ou mau; o que a sua mente aceitou, o que está motivando os seus pensamentos e atos como resultado de suas crenças. À medida que estas crenças mudam, a sua vida juntamente com elas também se modifica, porque a sua vida é na realidade baseada na fé.

Você acredita e tem fé em que todos os dias Você continuará respirando, que o seu coração continuará pulsando, que Você está vivo e passando bem. Se esta fé fôr perturbada, a sua saúde também será. A sua fé está em tudo o que o rodeia... no seu trabalho, nos seus amigos, na sua habilidade, no seu carro e no seu futuro. Você aceitou isto como parte da vida. Você visualiza a continuação de tudo como tem sido no passado. Cada dia

Você acredita, em geral, a repetição de outra experiência similar. Você se afunda cada vez mais no sulco daquilo que Você esteja fazendo, o que poderá ser mau, caso Você esteja fazendo pouco do que realmente vale a pena. Poderá ser bom se Você estiver aplicando-se como deve.

Faça um inventário e tenha a certeza de que aquilo que Você repete, dia após dia, está ajudando-o a crescer em experiência, habilidade, empreendimentos, satisfação pessoal e felicidade. Se assim não fôr, Você não desejará continuar a repetir estas atividades e interêsses. Quererá separar-se dêles e começar um nôvo ciclo de desenvolvimento para si mesmo.

Lembre-se; aquilo que o homem faz uma vez, fa-lo-á novamente, porque êle é uma criatura de hábitos. Repetem-se fàcilmente os maus pensamentos, porque o semelhante sempre atrai o semelhante. [1] Os pensamentos que Você levar para dentro de sua consciência, sejam êles quais forem, só se sentirão confortàvelmente se encontrarem pensamentos similares para fazer-lhes companhia. Que espécie de pensamentos está Você cultivando? São êles do tipo que pode levá-lo a coisas que Você não deseja fazer, a experiência que não deseja ter? Caso sejam, jogue-os fora *agora*, antes que se tornem profundamente entranhados pela repetição. Um bebedor excessivo acha difícil parar de beber porque êste hábito tem sido por muito tempo impresso no seu corpo e na sua mente. Êle vê-se tomando um outro copo de maneira tão viva que se torna uma tarefa gigantesca ver a sua própria pessoa afastada da bebida.

Os quadros mentais em que Você se representa hoje estão tão-sòmente ligados ao passado. Se Você não tomar cuidado e criar novos quadros de sua pessoa, amanhã apenas repetirá o que faz hoje e o que fêz ontem.

Infelizmente, a maioria dos sêres humanos está dentro duma rotina feita por êles mesmos, terminando cada dia onde estava ontem, embora com aparência de progresso, porque estão sempre se movendo. Êste círculo, porém, termina sempre no mesmo lugar, a menos que Você inventarie o que faz, saia da plataforma rodante em que está para poder idealizar novos propósitos e

---

1. A verdade axiomática, a que já fizemos referência páginas atrás, de que o abismo atrai o abismo, é corroborada pela sabedoria dos antigos latinos, que diziam: **Pares cum paribus facilime congregantur**: Os semelhantes se entendem fàcilmente. (Nota da tradutora).

direções na vida, tomando a estrada real em direção a uma felicidade e a um sucesso sempre maiores, que nunca poderão ser alcançados se Você estiver dentro de um carrossel.

Pam, pam, pam! Essa batida continuada na sua consciencia será das que produzem as mesmas coisas... ou terá então aquela espécie de bater — repetição de quadros — que marca pensamentos certos e ações certas no seu subconsciente?

Você é a única pessoa que sabe. A única que pode fazer alguma coisa a respeito do assunto! Aprenda a usar o grande poder de repetição de maneira certa, e tôdas as coisas lhe serão acrescentadas!

8

ESCUTE A VOZ INTERIOR

Mahatma Gandhi, depois de chegar à Inglaterra, a fim de encontrar solução para os problemas da Índia, disse:

— Faço isso porque uma voz interior me diz que o faça.

Gandhi referia-se a "alguma coisa" interior. Você pode chamá-la de poder, alguma coisa supernatural, ou o que quiser. Alguns se referem a isso como mente subjetiva; outros a chamam de mente subconsciente e alguns de pensamento universal. Outros ainda a ela se referem como impulsos vindos do íntimo, como se fôssem "palpites", mensagens divinas. Os espíritas chamam-na de "vozes do além". Isto não tem maior significado, o importante é que Você aprenda a adquirir essa "alguma coisa".

Não me refiro a uma voz que Você possa ouvir externamente. Tenho certeza de que Gandhi também não quis dizer isso, porém alguma coisa lhe falou de maneira evidente, clara e positiva. Gandhi seguiu as direções que recebeu, seguiu-as até a Inglaterra e as teria seguido a qualquer lugar. Sabia que nesta voz interior êle poderia confiar e que quando preparasse a sua mente convenientemente para "ouvi-la", poderia aguardar, com esperança e confiança, uma mensagem definitiva.

Gandhi não tentou forçar esta voz para que lhe falasse a uma hora determinada ou influenciá-la no que pudesse dizer através de um pensamento cujo resultado queria que se realizasse. Gandhi foi um líder espiritual de grande humildade e abnegação. Sempre colocou o seu propósito e seus princípios acima das necessidades e desejos pessoais. Nisto consistia o seu grande poder sôbre os governos e as pessoas. Nada tinham para oferecer-lhe a não ser a justiça. Sabiam que não podiam negociar e que quando se encontravam na presença dêsse santo homem tinham que enfrentar... a verdade. Por mais que o pressionassem, êle nunca tomava atitude alguma até que a "voz interior" se manifestasse.

Você faria muito em cultivar essa "voz". Todos os grandes, homens e mulheres, a escutam. Podem não descrever esta direção interior com as mesmas palavras, e para êles a "voz" pode ser considerada como um sentimento indefínivel ou então uma convicção, a qual sempre aparece quando tomamos decisões importantes, *se* ficarmos silenciosos tanto exterior como interiormente e *apenas* nos limitarmos a escutar.

É difícil escutar! Quando criança, Você teve necessidade de gritar e provocar um motim para que alguém lhe desse um pouco de atenção. Como adulto, poderá ter ganho um certo sucesso neste mundo sobrepondo-se aos outros e dominando-os. Se fôr assim, não será fácil desenvolver a arte de escutar com o ouvido e a mente interior o conselho que vem do íntimo profundo de sua pessoa, da sua parte divina, da inteligência ou da parte mais elevada, seja qual fôr o nome que Você escolheu.

O falecido Thomas A. Edison era adepto de escutar a "voz interior". Quando estava trabalhando numa invenção, tentando alcançar a sua idéia básica para que funcionasse, acumulava todos os fatos conhecidos na sua mente consciente e deitava-se num banco ou num sofá do laboratório, esperando que a idéia nêle luzisse, vinda do próprio ar.

Os assistentes de Edison continuavam o seu trabalho enquanto o "velho" tirava uma soneca, porém Edison finalmente se levantava com a solução. Às vêzes era preciso um bom número de sonecas até que a resposta chegasse, porém ela sempre aparecia dessa maneira, quando Edison se encontrava preparado através de uma autopesquisa e havia estimulado suficientemente o poder criador para que lhe suprisse a deficiência com a solução.

Como Edison conseguia isso?

Uma história relatada no jornal de 21 de outubro de 1931 conta como Edison, trabalhando com os seus dois sócios com mais de cinqüenta anos de casa, Fred Ott e Charles Dally, finalmente descobriu o segrêdo da produção da borracha sintética.

O artigo diz: "Segunda-feira, êle (Edison) principiou a cair em torpor (estava dando à "voz interior" uma oportunidade de falar-lhe), porém Ott e Dally trabalhavam sem descanso nas suas experiências. Numa têrça-feira à noite a solução surgiu do nada, de maneira repentina". (Esta é uma boa maneira de referir-se à mente interior de Edison ou à de seus sócios!).

O que aconteceu, muito claramente, foi que o poder criador no interior das mentes dêsses três cientistas finalmente produziu a resposta esperada. A solução veio como um acontecimento inesperado. Não foi o resultado de nenhuma cogitação ou pensamento consciente. *Bem*... e aí estava! A voz interior havia falado... cristalizando e destilando todo o trabalho passado, agora estocado nas suas consciências, e apresentando a êsses homens, como um dardo, a solução para os seus problemas: como produzir borracha sintética!

A pequena voz sempre fala quando Você se decide àquilo que deseja e persegue êsse desejo. Apenas quando se encontra indeciso, perturbado, aborrecido, preocupado, duvidoso e receoso é que Você não pode ouvir a "voz interior". Você a tira para fora com a sua própria estática e interferência.

Se a sua pequena voz sugere que Você pergunte alguma coisa, não recue. Você não tem nada a temer. A outra pessoa nunca o ajudará a menos que conheça os seus desejos, por isso é preciso que se pergunte; ou se sente necessidade de falar com alguém a respeito de alguma coisa, não hesiste; vá e faça-o!

Certo homem escreveu-me da Inglaterra que havia lido *The Magic of Believing* (A Magia de Acreditar) e que isso já havia alterado a sua vida; assim se expressou:

"Eu estava sendo usado por alguém de maneira indireta para realizar alguma coisa, na qual não acreditava. Sentia-me muito infeliz, porém não queria encolerizar a pessoa que trabalhava nisto (Como pode observar, o mêdo impediu-me). De repente, enquanto jardinava e pensava a respeito desta situação, alguma coisa pareceu chegar até mim — uma *voz interior* falou e deu-me ordens, e não tive mais mêdo. Larguei a pá e fui em direção àquela pessoa e disse exatamente o que eu pensava e, como resultado, fui capaz de pôr um paradeiro à perseguição. Desde então senti-me uma pessoa diferente!"

Aprenda a reconhecer a voz interior

Quando a "voz interior" verdadeiramente fala, é sinal de que Você está apto para agir. Largue a pá, como êsse homem da Inglaterra fêz, ou o que estiver fazendo, e execute aquilo a que se sentir impelido, porém tenha a certeza de que reconheceu a "voz interior" e de que ela não é apenas o pensamento do que Você deseja, imaginação ou mêdos que falam por Você.

Joana D'Arc era apenas uma camponesa de França, porém ouviu a voz falar. Seguindo a sua orientação, ela inspirou os franceses a expulsarem os inglêses de Orleans e fêz que Charles fôsse proclamado rei em Reims.

Jesus ouviu "a voz de Deus falar-lhe" e agiu sob êsse guia interior para conduzir tôda a espécie humana a altos empreendimentos espirituais.

Abraham Lincoln, nas altas horas da noite, durante os momentos críticos da Guerra Civil, ouviu a voz interior e, por causa dessas mensagens que recebeu, chegou a tomar inúmeras e graves decisões, que salvaram a União.

Os personagens de Mark Twain costumavam falar com êle. Mark Twain ouvia os diálogos na sua mente e simplesmente os transportava para o papel. Mark Twain tinha grande confiança em seus podêres intuitivos, acreditava em palpites e sempre prestava atenção à "voz".

Para receber idéias da sua mente, subjetiva e consciente, é necessário torná-la receptiva. Naturalmente sabemos que é a mente consciente que raciocina, que pesa e que calcula. A mente subconsciente não faz nada disso; apenas passa para a mente consciente as idéias.

Você provàvelmente já ouviu as pessoas dizerem: "Siga as suas intuições". O que são essas intuições? De onde vêm? Vêm do funcionamento da mente subconsciente. Os psicologistas dizem que para colocarmos a mente humana em condição receptora precisamos relaxar. Se alguma vez Você já se deitou sôbre uma mesa de massagens e ouviu o massagista dizer que se relaxasse, então Você sabe o que quero dizer.

Deixe que o corpo amoleça. Se a princípio tiver dificuldades, experimente com um dos braços, depois com ambos, depois com as duas pernas até que todo o corpo fique relaxado. Quando conseguir isso, concentre-se no que deseja, aí então as intuições chegam. Agarre-as, execute-as como a "vozinha" diz. Não procure raciocinar ou argumentar, faça como lhe é dito e faça-o imediatamente.

Você compreenderá o que os psicologistas, os místicos e os estudantes querem significar quando dizem para parar e relaxar — *não pense em nada* — quando desejar chegar até o subconsciente e ouvir a "vozinha" falar. À medida que o seu progresso aumentar, Você também começará a compreender o que os videntes do Este tinham em mente quando diziam:

"Tranqüilize-se, medite, mergulhe no grande silêncio, continue a meditar e os seus problemas se desvanecerão dentro do nada".

A estrada à frente tornar-se-á iluminada e as suas apreensões desaparecerão uma por uma. Existe algo mais claro do que o *Pilgrim's Progress*? (O Progresso do Peregrino). A minha mensagem não é diferente daquela que Bunyan lá deixou, sòmente, como já disse, estou depositando-a em suas mãos em diferentes palavras.

A "voz interior" poderá guiá-lo tanto dormindo como acordado, se Você treinar a sua pessoa a descansar sôbre ela. Uma jovem dona de casa, em Fort Worth, Texas, foi uma noite acordada com o sentimento de grande urgência de alguma coisa. A "voz interior" dizia-lhe que se levantasse e olhasse pelo apartamento. O marido e o filho dormiam; tudo parecia em ordem, porém ela não podia livrar-se dessa sensação de intranqüilidade e apreensão. Para acalmar os nervos, levantou-se e, sem querer, dirigiu-se ao quarto de banho. Nada parecia estar errado, mas impulsivamente abriu a água do toalete. No momento em que fêz isso a água quente jorrou, seguida de nuvens de vapor. Os canos começaram a bater. Chamou o marido, que a tempo telefonou pedindo auxílio. Alguma coisa estava errada com o contrôle do termostato no porão e, se isso não fôsse descoberto, o aquecedor teria explodido cinco minutos depois e o apartamento teria ido pelos ares.

Siga as insistências da sua voz

Dê ouvidos às suas intuições tôdas as vêzes que elas chegarem. Não faça ouvidos moucos à "voz interior". A sua mente interior está ciente de condições e coisas que a mente consciente ignora. Você já ouviu o povo dizer: *Alguma coisa* me disse que eu devia agir cautelosamente com relação a tal pessoa ou não devia ter feito isto ou aquilo... porém não prestei nenhuma atenção e agora é tarde. Gostaria de ter seguido aquêles sentimentos e intuições.

Aí está "aquela coisa" tentando servi-lo e de muitas maneiras. se Você der a sua permissão. Uma viúva que desejava encontrar um bom homem e casar-se outra vez, sentiu necessidade de deixar Nova Iorque, ir para a Califórnia e comprar uma casa. Foi visitar alguns amigos em Long Beach, que a levaram pelas vizinhanças onde havia propriedades à venda. Ficou gostando de uma casa cujo dono era viúvo, que se apaixonou por ela. Em vez de comprar a casa, casou-se com êle e adquiriu a casa também. Hoje formam o casal mais feliz que conheço. Neste caso, "a voz interior" conduziu-a a uma distância de três mil milhas para trazer-lhe resposta ao seu desejo.

Não vá Você, porém, viajar três mil milhas, esperando encontrar um romance, a menos que obtenha a mesma e clara direção que chegou até aquela senhora. O *seu* pode estar bem ali, virando a esquina, na fila do ônibus, numa loja, no dentista, num parque, numa biblioteca ou em uma reunião social. Se Você, entretanto, fizer um quadro mental para encontrar o homem ou a mulher acertados, sentirá, sendo bastante forte e persistente, a necessidade de estar no lugar certo e na hora certa para que os dois possam ser levados um para junto do outro. Lembre-se! O semelhante sempre atrai o semelhante! Alguém sempre está procurando Você tão ansiosamente quanto Você está procurando a êle ou ela. Uma vez que as mentes subconscientes não são limitadas nem pelo espaço e nem pelo tempo, Vocês entrarão em contacto, mais cedo ou mais tarde, e a "voz interior" dirá para cada um de Vocês: "Êle ou ela é a pessoa talhada para mim."

Ocasionalmente encontro homens ou mulheres que me dizem, com tôda a seriedade, que "escutam vozes". Isto é bem diferente da "voz que guia" e é muitas vêzes um sinal de situação alucinatória que desenvolveram através de uma perturbação emocional ou de uma aflição nervosa. Tal estado não deve ser desejado e devemos precaver-nos contra êle.

Essas vozes são tão "verdadeiras" para as pessoas que as ouvem, que elas se convencem de que estão sendo assediadas por algum espírito desencarnado ou por algum indivíduo realmente existente que tenha intuitos sôbre elas. Quando esta condição existe, geralmente ficam aterrorizadas.

Certa ocasião, em Chicago, encontrava-me no escritório de Johnny Neblett, comentarista de rádio, quando uma atraente jovem, sem ser anunciada, entrou e disse-lhe:

— Bem, aqui estou. O senhor me tem chamado e eu vim. Que deseja de mim?

O Sr. Neblett, espantado, olhou para a jovem, depois achou que se tratava de uma piada divertida e começou a rir.

— Não se trata de nenhum caso cômico! — disse-lhe a jovem, profundamente irritada. — Há noites que não durmo... O senhor está sempre conversando comigo. Escuto a sua voz todo o tempo. É preciso parar com isto. O Sr. está me deixando louca!

Johnny tornou-se sério e olhou rápida e nervosamente para mim, em busca de auxílio.

— Êste homem é um psicologista — disse êle apresentando-me à senhora. — Não a tenho chamado e nem tenho conversado com a senhora. É a primeira vez que a vejo. Tenho certeza de que é uma questão de imaginação. Êle pode explicar-lhe.

Assim, sem mais nem menos, êle deu-me uma tarefa gigantesca. Aquela senhora, não há dúvida, estava emocionalmente desequilibrada e cultivou uma fixação dirigida ao comentarista, por ouvi-lo no rádio. Alguma coisa na sua voz a atraía, levantava-a emocionalmente e acabou por magnetizar-se por um pensamento no qual ouvia uma voz "dentro de sua cabeça".

— Se todo o tempo penso nêle é melhor que vá até onde êle está! — insistiu ela. — Êle está mentindo. Na verdade êle me quer, pois me atraiu telepàticamente. Não foi preciso que me conhecesse. A sua mente é tão forte que me pode atingir e obrigar-me a fazer o que deseja.

Foram precisas diversas horas para convencer a mulher de que a voz que ela pensava ouvir era criação da sua própria consciência, emocionalmente perturbada. Durante êsse tempo acusou o comentarista de ter intenções a respeito dela e o intimou a que a "libertasse".

Finalmente, quando voltou ao normal saiu consideràvelmente embaraçada, desculpando-se pelo transtôrno causado e agradecendo-me por libertá-la de sua fantasia. O meu amigo comentarista quase teve um colapso nervoso.

— Mais um caso assim, — disse êle, — e desisto do rádio!

Citei êste exemplo para tornar bem claro que a "voz interior" não tem conexão de espécie alguma com êsse tipo de voz. Na realidade, não se trata de uma voz em todo o sentido da palavra. Trata-se de um pressentimento, o rápido clarão de uma idéia, um conhecimento ou uma intuição que estabelece comunicação entre Você e o subconsciente, dando-lhe uma necessidade urgente, um sentimento definido do que fazer ou dizer, qual a direção que deva tomar com respeito a algum problema ou situação.

Você poderá, com um pouco de prática ou treino, distinguir sempre a intuição ou "voz interior" pelo que Você sente quando a sua imaginação, ou o pensamento daquilo que deseja ver realizado, está preparando alguma coisa para Você. Esta diferença de sentimentos não pode ser expressa em palavras, porém Você a reconhecerá, não se deixando levar por impressões errôneas. Você saberá, bem no fundo do seu íntimo, quando o seu verdadeiro "eu" estiver falando do centro do seu ser... o centro criador.

Então, tal como Gandhi, Você agirá com confiança ao deparar qualquer experiência na vida e a encarará como deve, dizendo para consigo mesmo: "Ajo desta maneira porque uma voz interior assim me diz que faça".

9

DECIDA O QUE VOCÊ QUER

Não existe ser humano mais infeliz do que aquêle em que só é habitual a indecisão.

William James

Uma vez que Você decidiu fazer alguma coisa, ela será realizada, isso é indiscutível, porém o problema com a maioria das pessoas é que se esquivam, vacilam, recuam, contornam, e raras vêzes decidem fazer o que querem ou determinam, de maneira clara, a estrada pela qual desejam viajar.

Todos os sonhos e desejos poderiam tornar-se realidade se os conservássemos constantemente diante dos olhos; joguemos o mêdo para trás, afastemos tôdas as reservas, os *se*, os *mas* e os *senão*. Por outro lado, muitos pensam saber o que querem quando, na realidade, não sabem. Isto parece paradoxal, porém se todos soubessem o que desejam, isto seria alcançado, uma vez que tivéssemos fôrça de vontade, vigor, estado de dinamismo e desejo de lutar para perseguir o alvo.

O mundo está dividido em duas classes de pessoas, a dos "Eu Farei" e a dos "Será que Devo ou Será que não Devo?"; nesta última classe está incluída a grande maioria dos homens e das mulheres.

Quantas vêzes Você disse para consigo mesmo: "Devo ou não devo?" As pessoas que se arruínam por serem indecisas perfazem um número muito maior do que as que se arruínam por outra causa.

"Aquela coisa" – o poder criador interior – não pode, magnèticamente, atrair coisas para Você, a menos que magnetizada pela sua decisão. Um ímã não pode atrair em duas direções, ao mesmo tempo. A fôrça magnética precisa ser centralizada sôbre algum objeto definido. Isto pode ser demonstrado, passando-se um ímã sôbre uma pilha de limalha de ferro. Quando a ponta imantada do ímã é apontada em direção a um determinado lugar da pilha, os filamentos de ferro são instantâneamente atraídos para ela. Mova o ímã longe dêste ponto e o seu poder diminuirá em proporção à distância e à direção.

Quando Você, mental e emocionalmente, luta contra a sua própria pessoa, está confundindo, paralisando e até destruindo temporàriamente os seus podêres magnéticos de atração.

Uma situação instável do corpo e da mente só pode atrair situações instáveis. Não tem poder algum para atrair qualquer outra coisa.

O grande lamento de milhares e milhares de sêres humanos é: "Não me posso decidir". Esta é uma das mais tristes endechas que jamais surgiu dos corações, porque soa como o toque de sinos pela morte da esperança, da ambição, da autoconfiança, da iniciativa e do empreendimento.

Enquanto Você não conseguir decidir-se, estará comparativamente indefeso, incapaz de mover-se em qualquer direção com certeza ou com qualquer sentimento de segurança e proteção.

– A minha mente, – disse-me uma senhora, – está como uma cama desfeita, tudo uma mixórdia. Tenho mêdo de arrumá-la, tenho mêdo de tocá-la, receosa de tornar piores as coisas. Penso que simplesmente deixarei tudo como está.

Você deseja ficar onde está neste momento? Se deseja, não há necessidade de tomar nenhuma decisão. A menos que modifique o seu modo de pensar, Você permanecerá em qualquer posição em que se encontre. Ou isto, ou então Você se afundará numa situação inferior, porque nesta vida nada permanece constante. Move-se, ou para cima ou para baixo. O metal enferruja se não o conservarmos polido e livre das fôrças de desintegração. Na parada da vida Você não pode ficar para trás. É preciso que continue andando, para o seu próprio bem, em qualquer idade. A natureza abomina o que se rende à inutilidade. Os abutres estão sempre à espera para fazer uma limpeza nas formas de vida em que há desistência de luta. Soa muito cruel? Não é para ser assim. Alguma coisa foi preparada para tomar conta de tudo, em todos os estágios da atividade vital e do que chamamos de morte. No seu corpo, durante todo o tempo, milhões de células morrem e novas nascem. Você não percebe esta renovação.

O mesmo acontece com as idéias. À medida que cresce em experiência, Você vai matando as velhas idéias na sua mente e dando nascimento a outras novas. Se Você não fizer assim, as idéias antigas e fora de uso obstruirão a sua mente, tornarão o seu pensamento tardio; enferrujarão o seu cérebro, retardarão o seu progresso e conseqüentemente Você se afundará num pântano.

Se Você acha que não está podendo tomar decisões como costumava é porque, provàvelmente, está lutando com as velhas idéias, com os antigos padrões de pensamento e com os velhos desejos e hábitos dos quais não se liberta, mesmo quando a sua "voz interior" diz para jogá-los ao mar; deixe a rotina e principie a fazer o que ìntimamente acha que deveria.

Chegou Você ao Mar Vermelho, da vida,
Onde, apesar de todo o seu esfôrço,
Não existe saída e nem retôrno,
E o único caminho é atravessar as águas?

ANNIE JOHNSON FLINT

Se, no momento, êste é o estado da sua mente e a sua situação na vida, então está bem! Se Você está de encontro à parede, se tem sido impulsionado pela indecisão e circunstâncias criadas pelo seu próprio consciente ou inconsciente, ao máximo, não existe nenhuma outra saída a não ser atravessar.

Sendo assim, encare a realidade. Reoriente-se, reorganize as fôrças dispersas, *decida-se* e mova-se para a frente em linha reta.

Muitos homens e muitas mulheres, ao alcançarem o limite aparente de sua resistência, encontraram novas fôrças para as horas de desespêro, assim que tomaram decisão positiva, dizendo a si mesmos com determinação: "Eu enfrentarei isto. Suportarei esta prova."

Não existe momento tardio demais para que "aquela coisa" — o poder criador interior — possa ser magnetizada pela decisão e pelo pensamento corretos, dando a Você a fôrça e a sabedoria de que necessita para sair de onde se encontra.

"Deus falou comigo no meu momento de grande necessidade", milhares de homens e mulheres gratos assim testificaram. Querem dizer que finalmente foram conduzidos de maneira a recorrerem aos recursos interiores do dom divino depois que, havendo experimentado tudo e falhado... o poder interior, que poderiam ter usado durante todo o tempo, respondeu aos seus pedidos.

Não cometa o êrro de pensar que Você poderá ser bem sucedido usando apenas a mente consciente. O egoísta gosta de pretender que tudo foi feito por êle próprio, através de pura fôrça física e de vontade. Bate no seu próprio ombro e diz: "Olhem para mim. Sou um homem que se fêz por si próprio!" Deixe, porém, que êste egoísta sofra uma recuada nos negócios ou na sua vida particular, e então Você observará o seu "ego" murchar. Passará a andar com o chapéu enterrado até as orelhas, o queixo grudado na gola do paletó e os olhos fixos no chão, resmungando para consigo mesmo: "Não posso compreender como é que isso me foi acontecer".

Oh! sim, Você poderá chegar a algum lugar pela sua própria conduta física, pela conivência consciente, pela manipulação, pela destreza de espírito, pela fraude e por uma filosofia de "sabe com quem está falando?", porém o que Você ganha pela fôrça perderá conseqüentemente pela fôrça. Não terá um poder permanente. Qualquer outro alguém, usando as mesmas táticas do homem-lôbo-do-homem, o chutará para fora do caminho ou o amassará com um rôlo compressor. Então, por haver usado erròneamente seus verdadeiros podêres interiores — caso tenha feito uso dêles — Você estará perdido! Talvez, pela primeira vez na sua vida, Você se encontre amedrontado. Perdeu a fé nos métodos que empregava para chegar aonde estava... e Você tem pouca ou nenhuma fé nos homens ou em Deus. O mundo é um lugar muito árido e Você é a criatura mais árida que nêle existe. O pior de tudo é que a confiança em si mesmo, e em qualquer outra coisa foi tão esmigalhada que Você não sabe o que fazer.

Pare de lamentar o seu destino — conheça-se a si mesmo!

Você tem apenas duas escolhas: situar-se em plano mais elevado ou mais baixo. Poderá derivar para a bebida, ajudar-se a ter um esgotamento nervoso de primeira classe, ou a andar o resto da vida remoendo o que poderia ter acontecido se apenas tivesse vivido a sua vida de maneira diferente, dizendo para consigo mesmo: "É tarde demais".

Se, porém, pertencer àquela menor porcentagem de homens e mulheres que se conheceram a si mesmos, Você descobrirá que nunca é tarde para seguir pelo caminho acertado. Descobrirá também que tem deixado passar uma das mais maravilhosas fôrças na sua vida — o poder criador interior, sempre desejoso e pronto para servi-lo.

Um profundo sentimento de humildade se instalará furtivamente em Você, as atitudes de egotismo e auto-importância, falsamente assumidas, se perderão. Uma vez que Você alcance a rocha, verificará que tem fundamento para construir, que poderá juntar a sua vida novamente e dela fazer alguma coisa mais valiosa do que antes; talvez não tão brilhante ou faustosa, porém muito mais útil, satisfatória, saudável e agradável. Finalmente agora poderá decidir o que melhor lhe convenha, sem preocupar-se com o que outra pessoa fará a Você, a menos que, talvez, Você faça primeiro a ela. Aquela segurança íntima atingiu-o e, seja o que fôr que Você verdadeiramente necessite, poderá ser e será suprido pelo poder criador interior, caso continue em harmonia com êle e o dirija através de um correto quadro mental. Não será apenas isso; Você compreenderá quantas coisas perdeu, na vida, de valor muito maior do que muitas outras que, havia pouco tempo pensou que devesse possuir.

Talvez, dentro de um sentido radical, Você não se enquadre nesta categoria descrita, porém num sentido menor, todos nós nos enquadramos. É humano cometer êrro, é humano permitir que certos desejos emocionais ganhem domínio sôbre nós, levando-nos longe de nossos verdadeiros propósitos e potencialidades na vida.

— Eu sabia muito bem, mas de qualquer modo agi assim, — foi o que muitas pessoas arrependidas me disseram, depois de terem alcançado uma nova compreensão de si mesmas e de terem abandonado o caminho que as conduzia em direção contrária a uma vida sã, feliz e saudável.

Se Você já atingiu êste ponto, *agora* é o momento; não existe outro senão *agora*. Se não o fizer *agora*, nunca mais o fará. Você atingiu o momento de decisão!

"Você não tem saída, não pode retroceder, não existe nenhum outro caminho a não ser atravessar!"

Aceite a dificuldade! Livre-se dela! Enfrente o que fôr necessário e acabe com isso. Quanto mais demorar, mais difícil será!

A decisão sempre magnetiza!

A decisão inicia uma ação imediata na sua mente, que põe em ordem os filamentos da sua vida, retifica as partes quebradas, ajusta-as dentro de uma nova trama, fortalece os pontos fracos, dando-lhe nova vitalidade e resolução para executar o que a "voz interior" ordena. Aceite a direção do seu verdadeiro "eu" interior, siga as suas instâncias, não importa quão difíceis pareçam no momento, peça perdão àqueles que você ofendeu, remova todos os ódios e ressentimentos passados, livre a sua consciência de mêdo e inibições pretéritos, e então a sua mente se tornará um canal para os bons pensamentos e poderá também ajudá-lo a atrair boas coisas para Você!

Fuja para sempre do indeciso de David Harum: "Sim e não, talvez, e talvez não!"

Isto não o leva a nenhum destino. Quem deseja levar uma miserável existência de sim e não, talvez, quem sabe, talvez não?

Prefiro tomar uma decisão errada e fazer alguma coisa para consertá-la do que não tomar decisão nenhuma. Um negociante bem sucedido disse-me:

— Quando estou alerta, geralmente posso dizer quando uma decisão foi tomada acertada ou erradamente, antes que me magoe muito; e uma vez livre de uma decisão errônea, terei compreensão para me decidir acertadamente. Se porém não tomo nenhuma decisão, nada alcanço.

É necessário coragem e fé para tomar muitas decisões, porém o homem ou a mulher feliz e bem integrados são aquêle ou aquela que ousam agir, sem hesitação, na base de um melhor julgamento e dentro da intuição que se apresenta no momento.

Atribui-se esta afirmativa a Joseph Addison: "A mulher que delibera está perdida."

O que traz a indecisão!

Agora me ocorreu o caso de uma môça que estava apaixonada por dois homens ao mesmo tempo. Ambos queriam desposá-la e ela foi negaceando com ambos, incapaz – por mais de um ano – de decidir-se por um dêles. Finalmente fêz a escolha, porém no dia do casamento confiou à sua mãe que temia ter-se enganado. Durante o tempo de casada, carregou consigo esta incerteza, sempre pensando se teria sido ou não mais feliz com o outro pretendente. Êste estado mental de "teria ou não teria sido" perturbou-a emocionalmente e refletiu-se nas relações sexuais com o marido. Tornou-se frígida, preocupando-se com a decisão que havia tomado, receosa de confessar os seus verdadeiros sentimentos ao companheiro. Uma noite, porém, numa exasperação repentina, êle explodiu:

– Com os diabos! Seria melhor que Você se tivesse casado com Bill.

– Com os diabos! Eu também acho que seria! – gritou ela impulsivamente.

O alívio desta tensão, trazendo o assunto às claras, ajudou-a a encarar-se a si própria. Ela compreendeu então que se havia entregado a uma estrutura fictícia, que esta espécie de indecisão havia causado a divisão dos seus sentimentos emocionais entre os dois homens, e se alguma pequena coisa caminhasse errada em associação consigo própria e seu marido, ela, para pôr a salvo os sentimentos de mágoa, formava um quadro mental onde figurava uma relação perfeita existente entre ela e o pretendente com o qual não se casara.

– Agora tenho certeza de que realmente o amo, – disse ela ao marido, – que não me enganei, quando alguma coisa dentro de mim dizia que Você era o escolhido. Peço-lhe desculpas por ter sido tão bôba e tão criança a respeito das coisas, porém é bem difícil a gente desvencilhar-se dos hábitos que carrega durante uma vida inteira.

Tome uma decisão positiva, agora mesmo!

Se a indecisão o tem seguro por esta garra... *quebre* êste hábito vitalício. Se não o fizer, sentir-se-á infeliz pelo resto da vida e a sua porcentagem de decisões errôneas atrairá para Você inúmeras situações erradas.

A "voz interior" não pode *passar* quando Você se encontra num estado emocional e mental de indecisão.

Um pregador, meu parente, quando jovem ficou perturbado da mente. Os seus estudos levaram-no a duvidar de certas passagens da Bíblia. Começou a censurar-se por pregar aquilo em que não mais podia acreditar. Isto desenvolveu-lhe um conflito interior... uma dúvida constante. "Estou agindo acertada ou erradamente em continuar no ministério?" Finalmente contraiu asma e tinha ataques justamente aos domingos na hora de subir ao púlpito. Era a maneira de a natureza não deixá-lo dizer aquilo que não sentia. O seu físico estava refletindo uma condição da própria mente. Aposentou-se por fim do ministério por motivo de saúde, não confessando as suas dúvidas nem mesmo à espôsa. Durante trinta anos êsse homem, altamente inteligente, viveu uma existência de torturas. Os ataques asmáticos se tornavam mais fortes nos momentos em que lutava consigo próprio a respeito dos pecados de omissão e comissão. "Agi certo ou errado?"

Conversei com êsse meu parente perto do fim da sua vida. Disse-me que apenas precisava afastar alguma coisa da sua mente. Quando me contou o que o perturbara durante todos aquêles anos, quis saber se eu achava que êle seria amaldiçoado por causa disto. Assegurei-lhe que o Poder Divino neste universo era tão imenso e compreensivo que não condenaria ou amaldiçoaria um ser humano... que todos nós cometíamos erros... que êste era o único caminho pelo qual poderíamos crescer — através de erros. Então êle me disse:

— Oh! se pudesse viver a minha vida novamente, eu teria deixado a igreja e me dedicado a escrever, expressando as minhas convicções, aberta e honestamente, porque agora compreendo — tarde demais — que muitas pessoas estão de acôrdo com o meu modo de pensar. Deixei, porém, que o mêdo, a indecisão e a autocondenação me mantivessem a distância do meu verdadeiro trabalho na vida!

Muita gente, quando em confronto com dois cursos possíveis de ação, e sem certeza de que estaria certa, tenta executar ambos — geralmente para sua tristeza. Ninguém está capacitado para ir muito longe, seguindo duas direções ao mesmo tempo. É preciso que Você faça a escolha, e geralmente poderá acertar se permitir que a "voz interior" o guie, porém é sempre tentador escutar a voz das nossas emoções, dos nossos desejos e preconceitos pessoais, os quais na maioria das vêzes nos desencaminham.

Shakespeare fêz que o seu Hamlet dissesse o que muitos de nós em nossas mentes conturbadas já dissemos:

Ser ou não ser, eis a questão:
se é mais nobre no espírito sofrer
as pedradas e setas da sorte ultrajante,
ou empunhar armas contra um mar de percalços
e, opondo-se a êles, vencê-los?...

(*E agora, para parafrasear*):

...mas então o mêdo do que pode suceder...
faz-nos antes suportar os males que temos
do que fugir para outros que desconhecemos...

Como é fácil, quando estamos assediados por males de uma espécie e de outra, idealizarmos males *maiores*... e decidirmos suportar os que possuímos e não tentar subir acima dêles porque assim tememos encontrar "outros males dos quais nada sabemos."

A decisão nasce da coragem e a coragem brota da fé em si mesmo e no Poder Divino interior. Por que continuar a idealizar a continuação de problemas e de situações, que poderão estar agora circundando-o?

Decida-se a afastá-los por uma modificação resoluta dos seus quadros mentais, dando assim "àquela coisa" interior o poder de modificar o seu futuro... para melhor!

10

TOME NOTA EM SEU CADERNO

Aquilo que os olhos vêem e os ouvidos ouvem, se visto e ouvido suficientemente, será por Você lembrado... e fará parte da sua vida.

Os cientistas e propagandistas reconhecem êste fato no uso dos "recursos visuais" e gravações para impressionar as mentes de diferentes grupos de pessoas.

Algumas pessoas são mais influenciadas pelo que vêem, outras pelo que ouvem. Depende do sentido que mais desenvolveram pelo hábito, quando crianças, ou do qual mais se utilizaram.

Você poderá estar fazendo uma viagem de automóvel com alguém e continuar a notar coisas que vão passando, as quais a outra pessoa não vê; essa pessoa não está treinada para observar como Você, porém poderá dizer-lhe:

— Você ouviu isto?

E Você poderá responder.

— Não, o quê?

Existem vários graus de sensibilidade na vista e na audição.

— Quando criança, fui tão criticado que não queria ouvir o que diziam a meu respeito, portanto agora não ouço tão bem como deveria — disse-me um senhor.

— Quando garôta, — relatou-me uma senhora, — vi alguma coisa que não devia ter visto. Isto chocou-me tanto que, desde então, me sentia receosa de usar os olhos mais do que precisava para ver o que tenho de ver. Observo que não ando prestando atenção a muitas coisas que acontecem ao meu redor, porque ìntimamente sinto que não são da minha conta e que não deveria estar notando-as.

As inibições são uma das maiores pragas, auto-infligidas, da raça humana, porém todos nós temos a nossa parte, de uma formo ou de outra. É quase impossível que, durante o processo de crescimento, não nos tenhamos afligido com alguma.

Como adultos, porém, deveríamos ter inteligência para reconhecer e eliminar tantas dessas ataduras emocionais quantas seja possível, para que nos livremos da influência destruidora que exerce sôbre nós.

Formar os quadros mentais das coisas que Você deseja ter e fazer na vida é, portanto, um bom método de cristalizar e demarcar seus desejos, para que a mente possa melhor focalizar sua atenção sôbre êles. Quanto mais Você conservar êsse quadro ou êsses quadros diante dos olhos, mais impressionado ficará o poder interior para ajudá-lo a materializá-los.

Eis a razão por que recomendo, como auxílio da visualização das coisas que deseja, e a fim de conservá-las de maneira mais predominante em seus pensamentos, que Você faça um quadro com palavras do quadro mental que delas formou, em pequenos cartões, para tê-los em lugar em que possa olhá-los da maneira mais freqüente possível.

Como sugestão, cole um cartão no espelho para ser olhado pela manhã, enquanto Você se barbeia ou penteia os cabelos. Permita que os detalhes dos seus desejos, descritos no cartão, aumentem à medida que continua a desenvolver os quadros mentais.

Tenha um outro cartão conveniente para olhar enquanto Você faz o seu lanche ou janta. Use-os outra vez um pouco antes de ir para a cama. Não desanime. Pam, pam, pam! Não existe porém nenhum ponto para anotação dos seus desejos até que Você tenha determinado permanentemente em seus pensamentos e lá permaneça até que se torne realidade.

Se o que Você está idealizando é de natureza pessoal e existem pessoas ao redor que não vêem com simpatia os seus desejos, ou que os acham tolices, então guarde os cartões para si e estude-os apenas quando tiver um momento de folga ou um momento a sós consigo mesmo.

Lembre-se de que a repetição do mesmo pensamento, da mesma sugestão, torna possível o *quadro mental.*

Aquêle que sabe plantar não terá a sua planta arrancada; aquêle que sabe segurar alguma coisa não a terá levada para longe de si.

LAO TSE, O CHINÊS MÍSTICO, 600 A. C.

Plante o seu quadro mental na mente!

Anote-o!

Se Você tiver um desejo, o alicerce está preparado. Plante na mente o que idealizou. Faça um quadro mental perfeito, com todos os detalhes da coisa ou das coisas exatas que deseja. Não fará mal algum idealizar mais de um objetivo de cada vez, desde que não entrem em conflito e que sejam formulados separadamente. O poder criador interior pode trabalhar em quantos projetos Você deseje e aos quais Você possa dar a sua atenção e os seus esforços!

Anote-o!

Se é aumento de vendas o seu desejo, fixe a quantia exata; se é alguma coisa que quer que outra pessoa faça em seu favor, o amor de um homem ou de uma mulher, outro terno de roupa, um automóvel nôvo, escreva num papel. Tôda e qualquer coisa tome nota.

Expresse o que almeja, com as suas próprias palavras. Auxiliará a mente a ficar organizada também. Não importa o que persiga, sob êste sistema Você o obterá, desde que o objetivo do seu desejo seja moralmente correto e o seu quadro mental seja feito de maneira definida e positiva!

Pam – Pam – Pam – Pam! Escreva-o, repetidamente, se acha que isto o ajuda a fixar o seu alvo em mente.

Não importa que Você seja vendedor, gerente, mecânico, escritor, dona de casa, ou que tenha qualquer outra profissão; se está atrás de dinheiro, amor, melhor posição social dentro de uma profissão liberal – não faz absolutamente nenhuma diferença. Você possui no seu interior aquêle mesmo poder, pronto para trazer o que Você almeja. Você pode adquirir cada coisa que deseja... um par de sapatos ou uma mansão. Escolha, tome nota e trabalhe no seu objetivo!

As oportunidades estão sempre fugindo de Você, na correnteza da vida, a menos que estenda a mão e as agarre! Se não sabe que coisa procura, como poderá obtê-la?

Qualquer que seja a forma em que Você expresse o seu desejo, escrevendo, falando ou desenhando, ela ajuda a vitalizar o poder criador interior e a conservar os seus pensamentos magnetizados no alvo.

Muitas pessoas guardam um grande envelope sobrescritado: "Os Desejos do Meu Coração", e nêle conservam escritas as afirmações do que almejam, das modificações que desejam fazer na sua vida, econômica, pessoal, física, mental e espiritualmente. Durante o dia ou a noite reservam algum tempo de folga para reler e refletir sôbre as diferentes expressões escritas dos seus sinceros desejos. Verificam cada uma e fazem um inventário para averiguar se progrediram com referência às respectivas metas. Quando alcançam algum objetivo, anotam o caso como "liquidado" e escrevem no cartão uma expressão de agradecimento ao Poder Divino interior, por tê-los ajudado a realizar os seus sonhos. Depois vão ao alcance de alguma outra coisa, constantemente desdobrando e desenvolvendo. É um processo infindável, glorioso e satisfatório!

Se Você está apenas iniciando, há necessidade de refazer o seu modo de pensar, eliminando muitos pensamentos e reações emocionais errôneos, que já se encontram no seu consciente. Para fazer isto, será de grande ajuda que escreva o que Você acha que deveria ser sua atitude acertada com relação a dinheiro, negócios ou tôda e qualquer coisa de importância com as quais tenha de lidar dentro da sua vida diária.

Marjorie Mayes, dinâmica e bem sucedida senhora de negócios em S. Francisco, atribui a maior parte do seu sucesso e o grande círculo dos seus devotados amigos, que ela aprecia, à palavra escrita. Definiu a sua atitude com relação a "negócios", ao ganho e ao significado do dinheiro. Relê esta afirmação "O Saber em Negócios" como fórmula para viver. Depois procura ouvir a "voz interior" para dirigir a sua vida.

Marjorie Mayes consentiu em que eu participasse a Você esta inspirada afirmação:

O SABER EM NEGÓCIOS

Ore tôdas as vêzes sabendo que as orações corretas são atendidas... Qualquer coisa que exista pertence sempre a Deus... Tudo o que sou é Divino e eu sou parte de Deus... portanto nada senão harmonia Divina é manifestada em minha vida... Eu individualizo Deus e mantenho contacto direto com a Verdade... Minha intuição é perfeita e a minha percepção Espiritual é perfeita... Sei que Deus é a minha sabedoria, a minha inteligência, portanto sou sempre orientada a praticar ações corretas... pois Deus é o único Executor. Deus trabalha através da minha pessoa; assim, estou sempre trabalhando de maneira correta e por isso não há risco de nenhum mal para ninguém, por fôrça de minhas negociações... Não existe nenhuma perda de tempo porque o trabalho de Deus é o meu trabalho, e portanto o meu trabalho não é egoísta e é bem feito... Meus pensamentos são claros, novos e saudáveis, e sentem-se poderosos resultados no meu trabalho... Meus constantes pensamentos de oração são obra de Deus, poderosos como a Águia que voa com direção sôbre o Universo, em tempo certo, porém são tão mansos, humildes e sem agressividade como uma pomba... Minhas orações em todos os meus negócios são feitas em nome de Deus e eu, portanto, não posso terminar um dia sequer de mãos vazias... Minhas orações são poderosas e sei que realizarei aquilo que aceito como uma Ação Correta... Sei que tôda relação na vida dependerá afinal da minha capacidade de sentir Deus nas ações e nas orações de minha vida... Não dependo de homens ou condições, sou dependente de Essência, Espírito, portanto, não busco rumo nos homens ou nas condições, mas no Infinito... Dou ouvidos às minhas intuições, o que é aceitar a Deus... Meus olhos estão fixos na apreciação dos dons Divinos e não separo o dinheiro dêsses dons, portanto ao dinheiro é agradável permanecer em minha bôlsa, porque gasto com a sabedoria Divina... Recebo dinheiro em tôdas as minhas negociações, através de Ações Corretas... Não negocio com Deus... Não estipulo a Deus a quantia que devo ganhar... Negocio apenas ouvindo as minhas intuições, sabendo que tudo nos é feito segundo cremos.

Marjorie Mayes

Esta é magnífica declaração da atitude mental e espiritual de uma pessoa com relação à vida, aos outros, a negócios e a dinheiro... e esta declaração pode ser sua!

Faça uma cópia dessa declaração e leia-a repetidamente... leve-a para dentro de seu consciente... faça-a parte de *Você*. Escreva-a num papel, fale-a em voz alta, escute-a através do seu próprio pensamento... creia nela, viva-a através de Ações Corretas aplicadas às suas próprias necessidades... e, como Marjorie Mayes diz, "tudo lhe será feito segundo Você crê".

Pense em quadros que Você viu, pinturas, fotografias, paisagens, desenhos de pessoas fazendo alguma coisa — atividades de várias espécies. De quantos dêsses quadros Você se lembra? Quantos ficaram na sua memória e por quê? Eu lhe direi. Porque alguma coisa existente naqueles quadros, dos quais Você se lembra, captou e prendeu o seu interêsse pessoal; Você viu alguma coisa da sua própria pessoa e de suas ações, sentiu um parentesco com algum traço nêles existente. Êsses quadros causaram tal impressão em Você que jamais serão esquecidos. De fato, êsses quadros ou outros que tenha visto, e inúmeros quadros que Você próprio criou na sua imaginação, ainda estão causando uma impressão em Você pelo seu consciente... onde tudo o que Você já tem visto, ouvido ou experimentado continua a existir, em forma de quadros mentais!

Os sentimentos associados a êsses quadros são também influenciados por Você. Na verdade, é o seu sentimento de reação a tudo que lhe acontece, que mais o influencia. A intensidade com que Você sente alguma coisa que almeja determina a intensidade do poder criador interior para magnetizar as condições existentes ao seu redor e atrair para Você o que deseja. É claro, pois, que se Você temer profundamente que alguma coisa lhe aconteça, isto fará que êsse poder criador trabalhe precisa e magnèticamente para atrair a Você aquilo que teme.

Jogue fora de sua vida a palavra *mêdo* escrevendo afirmações de coragem, fé e auto-segurança. Você sabe e acredita que boas coisas irão acontecer. Você está riscando de sua consciência todos os pensamentos de mêdo e preocupações. Você compreende que se permitir essa permanência, êles poderão apenas atrair condições de infelicidade.

A sua mente consciente é peneira e filtro ao mesmo tempo. Leva para dentro da sua mente tudo que acontece a Você neste mundo exterior, passando-o em seguida para o subconsciente em forma de quadros mentais. Êste é o seu processo normal e automático, a menos que certos quadros sejam detidos ou alterados ou que Você não permita a passagem de um quadro que reconheça errado!

Agora êste pensamento irá atingi-lo de maneira chocante! A mente consciente de qualquer indivíduo, quando não controlada, é pouco mais do que um esgôto aberto, o qual carrega todos os resíduos e despojos na forma de pensamentos e sentimentos errôneos, juntamente com os bons. A menos que Você fique de guarda sôbre o que é levado para dentro, não haverá nenhum processo de peneiramento ou filtragem quanto ao bom e ao mau. Tudo irá para o íntimo de sua consciência e, conseqüentemente, o que vai para dentro deve vir para fora na mesma forma, ou permanecer no interior para atrair mais elementos da mesma qualidade... porque o semelhante atrai o semelhante!

Você já ouviu a respeito da "correnteza da consciência". Esta é uma bem acurada descrição. Os pensamentos estão durante todo o tempo correndo para dentro e para fora, em sua mente.

Controle a natureza dos seus quadros mentais!

Aviso: Não permita que a corrente da sua consciência se torne mais contaminada do que já é. Coloque em posição o seu *anteparo para filtrar.* Detenha todos os pensamentos de preocupações e mêdo, tôdas as reações emocionais errôneas antes que entrem no íntimo de sua consciência, onde poderão causar prejuízos indescritíveis. Comece por defender-se dos pensamentos e sentimentos errôneos que já se encontram flutuando na corrente do seu subconsciente. Jogue-os fora. Livre-se dêles. Purifique esta correnteza para que ela possa refletir o bem, os pensamentos puros que agora estão sendo enviados para as águas da experiência de sua vida.

Escreva o que deseja ser. Risque da sua vida o que Você não quer ser.

A prática constante de anotar os seus desejos e o uso do espelho farão maravilhas. Em curto prazo Você poderá formar os quadros à vontade, sem uso de cartões ou espelhos, e se encontrará martelando a mente subconsciente quase automàticamente, porém poderá preferir continuar a técnica das anotações por escrito... o ler e reler dos seus cartões.

Pratique — Pratique — continue sempre martelando!

Não tenha mêdo de exceder-se ou tornar-se extravagante com os seus desejos e anseios, porque, como já disse anteriormente, Você poderá conseguir uma por uma as coisas que desejar, porém é preciso que se torne hábil em fazer exatamente como digo.

Quando Você visualiza e conserva os quadros mentais constantemente, segue-se a ação, porque esta, afinal, não é nada mais do que *transmitir energia* ao pensamento.

Nunca perca a sua visão (os seus quadros mentais) porque, como o Rei Salomão disse há aproximadamente três mil anos: "Onde não há visão o povo perece."

Tenha em mente que todo êste tema é tão velho quanto o homem. Estou apenas dando-lhe a mensagem em palavras atuais e delineando um simples sistema mecânico que poderá ser usado por qualquer pessoa.

Como todos sabemos, a prova do pudim está no comer. Caso Você tenha dúvidas quanto à ciência que lhe estou dando — se é exata ou não — prove-a! O automóvel começará a tomar forma, Você obterá o nôvo par de sapatos, e os tijolos da mansão cairão nos seus devidos lugares como se màgicamente tocados.

O pêso da evidência está do lado de milhares e milhares de pessoas felizes, bem sucedidas, saudáveis, que já demonstraram e estão demonstrando o trabalho "daquela coisa" — o dom Divino do poder criador — na sua vida diária.

Conserve um relatório das coisas que deseja e confira-o.

Logo estará assinalando-as com uma pequena marca, demonstrando que já foram alcançadas!

Pare de sonhar com os olhos abertos; elimine as dúvidas; ocupe-se; experimente escrever os seus desejos. Dá resultado!

11

EU SEI, EU ACREDITO — E ASSIM É!

Existe um ditado no qual acredito integralmente: *"Se Você acredita, assim é!"*

Trata-se simplesmente de uma afirmação ou código oculto do que venho dizendo inúmeras vêzes. Todos os grandes pensadores, como Buda, Confúcio, Maomé, Jesus e tantos outros, ensinaram esta grande e fundamental idéia, a qual é encontrada em tôdas as religiões, cultos, credos e seitas. Em todos os lugares corre o mesmo e geral tema, a substância das minhas palavras: *"Se Você acredita, assim é!"*

Cito a Bíblia: *"O homem é o que pensa no seu coração."* Esta frase já foi ouvida muitas vêzes, porém, para ênfase, vou repeti-la: *"O homem é o que pensa no seu coração". "O homem é o que pensa no seu coração." Se Você acredita, assim é.* Note a semelhança: reduz tudo a uma só palavra: "Fé".

Ouvi muitas pessoas dizerem que a época dos milagres já passou, porém nunca ouvi na minha vida um pensador, um estudante ou um crente fazer tal declaração. Naturalmente, o tempo de Aladim e sua lâmpada já passou e talvez nunca tivesse existido... O mesmo acontece com a varinha mágica, o tapête voador e tôdas as outras coisas dos contos de fada e lendas. Entretenimento sem nenhuma base em fatos, sem nenhuma realidade.

Quando me refiro a milagres, falo das coisas que podem ser alcançadas através de *fé*... fé na sua crença; fé em si mesmo, fé nas pessoas às quais Você se associa; fé em um poder; fé "naquela coisa" que controla os destinos de cada um... Se Você puder alcançar aquela fé e dissipar o lado negativo, nada neste mundo poderá detê-lo na aquisição do que Você deseja. Conquanto isto possa parecer fictício, é verdade – Você poderá possuir tudo que seja acessível, se realmente o deseja.

A fé é a mola-mestra do conseguir. É preciso ter fé para realizar, para mover a sua própria pessoa e os outros.

Que possuíam Aimée, Gypsy Smith, Billy Sunday? O atual Billy Graham, Monsenhor Sheen, Norman Vincent Peale? *Crença – fé,* fundamentalmente, e habilidade de um crente constante para transmiti-la aos companheiros. É a nota tônica de tôdas as grandes religiões. Todos os grandes feitos foram iniciados por uma pessoa, um crente. Não importa onde, originàriamente, êle teve essa idéia. Tôdas as grandes invenções são conseqüência de todo um esquema de fé, de crença em si mesmo, nas suas idéias, na sua capacidade de realizá-las. Todos os grandes vendedores sabem disto. Êles usam êste poder. Eis a razão por que são grandes vendedores de religião, utensílios e projetos. O esfôrço de cada comunidade, cada movimento para a frente, tudo que vale a pena tem bom êxito porque alguém tem fé, é a fôrça motriz, é a vela do motor, a fonte central, e é capaz de vender às massas aquilo em que deposita fé, é capaz de infundir fé como que por contágio. Então pense mais um pouco e torne a pensar. Medite sôbre isso e compreenderá que cada palavra é verdadeira.

Se Você tem fé numa religião, num produto comercial, na energia de uma comunidade, é porque alguém, originàriamente, lhe deu fé para isso. Você aceita certas pessoas como autoridades porque acredita nelas. Você acreditará sem duvidar no que elas lhe disserem e tomará ou comprará o que lhe fôr oferecido. Isto é fé.

Ocasionalmente uma pessoa mais esperta o guiará erradamente e o fará acreditar em alguma coisa que na realidade é diversa e quando descobrir isso, Você se sentirá muitas vêzes amargado e desiludido e dirá: "Nunca mais acreditarei em pessoa alguma"; porém Você acreditará, sim, porque crer é o traço fundamental da natureza humana. Instintivamente Você deseja acreditar nos outros e em si próprio. Êste mundo seria horrível se não pudéssemos acreditar em alguém.

"Foghorn" Murphy, o famoso aparteador de rádio, disse no programa "Apostando a Própria Vida", de Groucho Marx, que a coisa mais "barata" que uma pessoa poderia fazer era ser gentil para com os outros, cumprimentá-los com um sorriso e depositar confiança nêles, que isto pagava os maiores dividendos. Êle está cem por cento certo; a fé genuína em outra pessoa é sempre compensadora. Você poderá algumas vêzes depositar erradamente a sua fé, porém isto é uma raridade. A maioria das pessoas faz um esfôrço extra para viver de conformidade com a fé que nelas é depositada. Poderão falhar perante outros, até mesmo aproveitar-se dêles, porém apreciam tanto a sua fé, que não o desapontarão.

Já tive oportunidade de ouvir homens e mulheres dizerem:

– Por que está Você perdendo o tempo com aquêle bêbado e imprestável môsca-morta? Ninguém pode confiar nêle. Êle o furtará de olhos fechados e aproveitar-se-á de Você na primeira oportunidade.

Bem, eu tenho depositado a minha fé em centenas e centenas de homens e mulheres até agora, e ainda não fui ludibriado de caso pensado. Algumas das pessoas em quem tenho confiado foram apenas demasiadamente fracas para continuar, porém não pensaram em me iludir. Sentiram-se pior do que eu quando não conseguiram corresponder à estima que lhes dedicava e muitos dêles se levantaram e continuaram vez após vez, na tentativa de andar certo.

Sabem que ainda confio nêles... que não os condeno... que estou sempre desejoso em ajudar, onde e quando puder. Sabem porém que, bàsicamente, também dependo dêles, pois nenhuma pessoa pode ser ajudada além de um certo ponto, que êles mesmos deverão ficar de pé pelos seus próprios esforços, através da fé.

O poder interior não pode operar em seu favor, se Você não tiver fé nêle.

Ponha a sua crença a trabalhar!

A experiência é o maior e ao mesmo tempo o mais severo dos mestres. Pela experiência Você *sabe* o que fêz de errado; acaba penetrando até sua consciência. Depois que Você aprende, começa a trabalhar para que haja um ajustamento certo da sua própria pessoa, pela compreensão da necessidade de um poder maior do que Você mesmo para ajudá-lo a corrigir os seus negócios e implantar uma maneira correta de pensar. Assim Você descobrirá "aquela coisa" interior e dirá: "Eu acredito!" Isto então instalará em Você uma corrente magnética que começa a atrair aquilo em que Você acredita... Quando começar a sentir e ver as coisas idealizadas virem ao seu encontro, através da fé, Você dirá: "...e assim é!"

Êste, em resumo, é o processo da reabilitação. Poderá não ser religioso em nenhum sentido ortodoxo ou apostólico, porém é espiritual e metafísico. Reduzido à linguagem atual, é o que os guias espirituais vêm sempre apregoando.

Existem incontáveis campanhas organizadas cujo propósito é ganhar a sua confiança nisto ou naquilo, imediatamente! Faça uma pausa e pense por um momento. Que é a propaganda, qualquer espécie de propaganda, boa ou má? Nada mais e nada menos do que planos bem organizados e engenhosos para fazer que Você acredite. Você já teve oportunidade de observar o seu funcionamento nos dias anteriores à guerra e, se estiver plenamente desperto para o que está acontecendo ao seu redor, saberá que o seu funcionamento atualmente está sendo intensificado cada dia e em todos os ramos dos empreendimentos humanos; da mesma maneira que funcionava há anos, assim continuará sempre.

A batalha persiste na mente do homem; nas nações livres e escravas, atrás e em frente das cortinas de ferro. Tome grande cuidado com o que Você é induzido a acreditar, tenha certeza de estar de posse verdadeira e sem preconceitos de fatos inalterados. Se assim não fôr, detenha o seu julgamento e não permita que a razão e a intuição sejam postas de lado pelos rondantes e convincentes apelos emocionais.

Se conservar em mente o meu tema, quando estiver lendo o jornal, escutando o rádio ou assistindo à televisão, compreenderá que todos os discursos dos nossos líderes, dos nossos grandes gerentes vêm até nós com a regularidade de um relógio e nos são transmitidos com um propósito — fazer que acreditemos. Êstes homens sabem disto. Estude, mesmo assim, tudo o que se disse hoje, tire as suas próprias conclusões e decida-se, da maneira mais justa e sem preconceitos possíveis, antes de acreditar.

Todos nós, se nos colocarmos no caminho certo, poderemos realizar o que buscamos, conservando como lema a minha própria expressão: "Se Você acredita, assim é", ou então adotando o antigo dito: "Querer é poder!"

Por outras palavras: faça que a fôrça de vontade, a fé, a crença trabalhem cada minuto do dia – vinte quatro horas por dia, 7 dias na semana e 365 dias no ano e eu prometerei que, dentro do progresso que realizar, Você sobressairá tão ràpidamente como as descargas de alta freqüência elétrica oscilam no éter.

A crença o levará aonde Você desejar ir, com a velocidade de propulsão a jacto. A dúvida e a descrença levam-nos com a mesma rapidez para a direção oposta. A crença sempre magnetiza; a descrença desmagnetiza.

Sabe Você alguma coisa sôbre a eficácia da oração? Que é a oração senão a expressão de um desejo ou de um querer de um coração honesto e sincero? O Grande Mestre disse:

Sejam quais forem as coisas que desejares, quando orares acredita que as receberás, e as terás.

E é verdade! Todos nós sabemos o efeito dos nossos próprios desejos sôbre nós mesmos e como os acontecimentos são influenciados pelos grandes almejos. Cada mudança econômica tem sido, através dos séculos, aquilo que o homem deseja que seja, a fim de beneficiar-se a si mesmo. Precisamos, contudo, acreditar e ter fé, ou então os nossos desejos mais íntimos se tornarão simples bôlhas de sabão que se arrebentam.

O Grande Mestre também disse:

Se podes crer, tôdas as coisas são possíveis àquele que crê.

Você já ouviu isto, porém o que tem feito e o que está fazendo a respeito?

A fé e a crença são coisas que, depois de terem sido agarradas, precisam permanecer prêsas a Você. É preciso que elas desçam até o seu íntimo e trabalhem de dentro para fora. Quando Você acredita suficientemente em alguma coisa, ela é trazida para dentro da existência da sua mente. O poder criador interior cria-a para Você e depois principia a trabalhar para duplicá-la na sua vida exterior. Se Você não permitir que os mêdos, as preocupações e as dúvidas alterem êste quadro mental, o padrão original daquilo que deseja, que foi transmitido ao subconsciente, chegará o dia em que Você o verá materializar-se exatamente como aconteceu uma vez na sua consciência.

Creia — tenha fé, como já disse e torno a dizer, para que fique impresso de maneira indestrutível na sua mente: *Qualquer coisa que Você deseje poderá ser sua!*

O tremendo poder da fé!

Você pensa que a fé não é prática, que não pode realizar as coisas que reivindico a seu favor? Eis uma demonstração, na vida real, dos trabalhos da fé quando havia milhões de probabilidades contra a salvação dêsse homem por qualquer poder do universo.

Escutem! Em setembro de 1949, um marinheiro de 19 anos — William Toles, de Rochester, Michigan, foi varrido do seu transporte, por uma onda e jogado no mar, sem salva-vidas. Eram quatro horas da manhã e estava em alto mar longe da costa da África! Ninguém o viu cair e êle sabia que, quando atingiu a água, a sua oportunidade de ser socorrido era quase nula; contudo, em vez de sucumbir a um pânico desenfreado, o jovem Toles tirou com os pés as calças de algodão grosso, deu um nó na ponta das pernas e usou o fundo como ventilador para que fôssem infladas, fazendo assim um salva-vidas improvisado para si.

Na sua própria história, Toles conta que tentou usar a regra dos recrutas de "não se preocupar com o futuro". Toles sabia que a sua falta seria sentida no navio às oito horas — hora da chamada — e que os aviões de busca seriam enviados para procurá-lo, uma vez que se encontrava num navio de guerra, que estava navegando bem longe das embarcações de linha.

Bill Toles conseguiu tamanho autocontrôle que até mesmo tentou dormir, descansando a cabeça em uma das pernas da calça inflada, porém as grandes ondas batiam nêle, conservando-o acordado. Controlando o mêdo, o jovem marujo recorreu à fé "naquela coisa" — o poder Divino interior e começou a repetir sem cessar: *"Por favor, meu Deus — fazei que me socorram... Por favor, meu Deus — fazei que me socorram..."*

Quando porém a manhã veio e se foi sem que nenhum avião aparecesse, o ânimo de Bill começou a esmorecer. Havia ficado enjoado de tanto ser batido pelas ondas e por ter engolido muita água. Não perdera contudo a fé e continuou repetindo a oração: *"Por favor, meu Deus — fazei que me socorram..."*

Naquela tarde, às 15 horas, depois de Bill Toles estar dentro d'água durante onze horas, foi visto pelos marinheiros do *Executor,* cargueiro da "America Export Lines", os quais ficaram abismados ao descobrirem um homem no oceano!

Mais surprêso, porém, ficou o capitão do cargueiro, que não podia explicar porque havia alterado a rota normal do seu navio, da África para uma rota espanhola, que cruzava a do navio de guerra rumo à pátria.

Se o capitão não tivesse feito assim, teria passado diversas centenas de milhas de *um pequeno ponto* no vasto oceano onde Bill Toles, com a sua inquebrantável fé em Deus, esperava por socorro!

Bill, depois de tudo que havia suportado, estava em tão boa condição física, que subiu as escadas do navio sem ajuda, e a tripulação do *Executor* o brindou com champanha.

O primeiro ato, porém, de Bill Toles foi o de agradecer a Deus por ter respondido à sua oração.

Poderá Você ainda uma vez duvidar, em face dessa evidência, de que *tôdas as coisas são possíveis para aquêle que acredita?*

O que *impeliu* aquêle capitão a alterar o curso do seu navio e infalìvelmente encontrar aquêle diminuto ponto em milhares de milhas quadradas de água, para que pudesse recolher um homem, cuja fé lhe dava a certeza de que Deus permitiria o seu socorro?

Não existe limite para a extensão da mente e do espírito! Até que ponto seria forte a sua fé? Depois disto, ela deve ter ficado bem mais forte. Você talvez nunca tenha de exercer tanta fé, sob condições tais de emergência e provação. Deveria, portanto, ser mais fácil para Você saber, acreditar e dizer "assim é" com respeito àquilo que, seja o que fôr, necessitar na vida.

Qualquer dia dêstes, o seu navio o encontrará, carregado com tudo o que deseja, se Você fôr firme na fé.

Esta fé deve ser *positiva,* esperançosa, firme e absolutamente sincera, para transmitir energia "àquela coisa", o poder criador interior, que deve ser ativado antes que aquilo que Você imaginou possa ser atraído a Você.

Numa emergência, não tente compelir a vinda da resposta a Você, em tempo específico algum, porque a consciência Divina não opera dentro das limitações terrenas de tempo. A fixação de um tempo definido o tornará tenso e fará que Você duvide de que o auxílio chegue a tempo.

Tudo o que Você tem a fazer é manter a fé de que o auxílio chegará na hora em que Você mais tiver necessidade dêle. Tal atitude mental libertará o dom Divino do poder criador de tôda e qualquer limitação auto-imposta e o capacitará a provê-lo com ajuda e direção das quais Você tem necessidade para enfrentar a sua crise particular.

Bill Toles não discutiu se Deus sabia o que fazer quando êle, com fé, continuava a repetir: "Por favor meu Deus — fazei que me socorram!" Êle *sabia,* êle *acreditava* e assim foi!

Coloque para sempre as suas dúvidas de lado, porque:

Se Você acredita, assim é!

12

EU POSSO – EU POSSO – EU POSSO – EU POSSO!

Se até o momento Você não tem vontade de melhorar a sua própria posição individual na vida, será preferível que pare agora mesmo de ler e queime êste livro. Se, porém, Você está animado de novas resoluções para atingir alguma meta, então posso assegurar-lhe que está a caminho do progresso.

Alguns tipos de indivíduos lerão um livro como êste (como leram "A Magia de Crer" e outros semelhantes), com restrições mentais. Muitos tiveram noção superficial sôbre tôdas as espécies de *ismos;* aprofundaram-se em assuntos ocultos, filosofias indianas; tentaram espiritualizar-se através de dietas caprichosas, tôdas as formas de autonegação, sublimação do sexo etc.; expuseram-se a "psicologia prática", Unidade e Astrologia. Conhecem tudo que deve ser conhecido e até agora nada os ajudou.

Tais pessoas escrevem com alguma amargura: "Tenho obtido poucos resultados com os meus estudos de metafísica, sem falta alguma de minha parte, pois sou considerado um bom estudante, pessoa inteligente e entendo os princípios de metafísica, perfeitamente. Lamento informá-lo disto, mas estou muito desapontado por não conseguir nenhum resultado com os métodos descritos em seu livro..."

Estas não são palavras minhas, mas citação direta de uma das inúmeras cartas de homens e mulheres bem intencionados, que rebuscaram livros sôbre religião, filosofia, *ismos* e a prática da metafísica, tirando um pouco aqui e ali para provarem a si próprios que nada os ajudaria! Necessitavam, desesperadamente, de auxílio, porém as suas atitudes mental e emocional agem de tal maneira que não permitem a si próprios receberem ajuda. São intelectualmente superiores a tôdas as coisas que estudam; dizem para si mesmos: "Isto não dará resultado para mim", mesmo quando estão lendo a respeito de sugestão ou técnica de pensamento que para outros têm conseguido maravilhas. Estas pessoas são os perfeccionistas que em tudo procuram falhas, inconsistências, falácias e não os construtivos e confirmadores pontos de acôrdo que podem ser aplicados para a solução dos problemas e correção de condições infelizes nas suas próprias vidas. Subconscientemente, a êstes homens e a estas mulheres, alguma coisa aconteceu, o que lhes dá vontade de permanecer como "crianças-problemas" para si e para os outros. É uma maneira de conseguir atenção, de impor a sua autopiedade, de se vingarem dos pais ou de alguma outra pessoa que, acham, não os trataram corretamente ou não fizeram o suficiente por êles. Para salvar a consciência de sua incapacidade de enfrentar a vida, como deviam, continuam a estudar metafísica para que possam seguir provando que não podem ser ajudados, "por mais que tentem".

Uma senhora dêste tipo confessou-me: "Tenho sofrido severos golpes um após outro. Tenho lutado constantemente para melhorar a minha situação na vida através da metafísica e de orações, porém não sou bem sucedida. Consigo, a princípio, que a situação melhore e tenho a impressão de que as coisas vão dar certo, que terei a felicidade almejada, porém alguma coisa sempre acontece e o padrão de vida sofre uma reviravolta e torna a cair dentro do mesmo trágico, monótono e estúpido modo de ser, tornando-se cada vez pior. Agora, os problemas, a tragédia, a infelicidade e a solidão converteram-se, no interior de minha consciência, em uma *idéia fixa* que, por mais que tente, não consigo suplantar.

Naturalmente, é muito difícil vermo-nos como outras pessoas nos vêem, para conseguir perspectiva exterior e avaliação imparcial do que estamos fazendo a nós próprios com nosso errôneo modo de pensar, que contribui para as condições infelizes que continuamos a atrair.

Esta mesma senhora continuou: "Não é verdade a afirmação de que uma pessoa deve sempre proporcionar alguma coisa ao seu semelhante porque isto paga dividendos. Desde criança pratico boas ações, porém ninguém nunca fêz nada por mim. As pessoas se achegam a mim conduzidas pela aparência de amigos, aceitando e usufruindo vantagens de minha hospitalidade e generosidade. Pràticamente tôdas essas pessoas chamadas amigas acabam por tornar-se meros parasitos e malandros. Existe mais verdade no antigo adágio de que ninguém tem pena dum cavalo sôlto do que no versículo da Bíblia: "Jogue o seu pão sôbre as águas e depois de muitos dias êle retornará a Você." Tenho jogado o meu pão sôbre as águas durante tôda a minha vida e ainda a mim não retornou. Evidentemente alguma outra pessoa o agarrou antes que, de volta, chegasse até mim".

Nota Você essa carga "mental" nos ombros dela? Você não pode calculadamente praticar uma boa ação com relação a alguém, esperando alguma coisa de volta. Esta ação não é espontânea. Também não podemos ajudar aquêles que não desejam auxílio, pois se ofenderão, e com razão. Quando as pessoas insistem em serem gentis com Você, sem nenhuma razão aparente, isso o torna desconfiado e Você diz consigo mesmo: "Por que saem elas do seu modo rotineiro de viver para fazer essas coisas? Por que tentam tornar-me devedor de favores? Que estão aprontando para que, em troca, possam exigir algo de minha pessoa?"

Você já ouviu muitas pessoas dizerem: "Depois de tudo que fiz por fulano, pode Você imaginar que me trate desta maneira?"

Existem ocasiões em que amigos ou parentes, egoística ou propositadamente, se aproveitam de nós, porém existem também ocasiões em que erradamente esperamos receber demais, quando de volta somos pagos com a mesma moeda.

Esta senhora, e muitas outras pessoas, subconscientemente esperam o pior enquanto acalentam esperanças para que aconteça o melhor, e naturalmente o pior sempre acontece como conseqüência, porque êste é o mais forte e o mais emocionante pensamento na sua mente. Conserva-se magnetizada, não para as boas, porém para as más condições e, portanto, faz que "aquela coisa", o poder criador interior, produza a perspectiva das experiências infelizes do passado. Espera que as pessoas sejam sem consideração, que tirem vantagens de sua pessoa, que não a ajudem nas horas de necessidade, e opera a lei criadora da vida infalìvelmente contra si própria. Até imagina "alguém agarrando o pão que atirou às águas, antes que a ela voltasse".

Não é êste um "inspirado" exemplo de idealização? Que pode alguém esperar de tal imaginação mental? Certamente nem um pão inteiro, nem mesmo uma migalha!

Você, que compreendeu como a mente funciona, pode ver que esta infeliz senhora é um clássico exemplo daquele que opera o poder com sucesso, porém, ao contrário.

Existe uma grande e fundamental falácia no modo de pensar dessas pessoas. Se elas apenas o compreendessem, poderiam libertar-se dos seus erros, das suas idéias fixas, e safar-se ràpidamente das dificuldades. Eis aí:

As pessoas que alegam nunca terem sido capazes de fazer que os mais altos podêres de sua mente trabalhassem a seu favor, forçaram, ao contrário, por um modo de pensar errôneo, êstes mesmos podêres a trabalharem contra si próprias. Fizeram que estas fôrças produzissem fracasso em vez de êxito, sofrimento em vez de felicidade.

Está Você usando o poder interior contra si próprio?

Pergunte agora a si mesmo, franca e honestamente: Tenho feito isto em parte ou totalmente? Em caso afirmativo, êste é o motivo principal dos seus problemas. Você não tem querido reconhecer o uso errôneo de suas fôrças vitais, dos seus mais altos podêres mentais. Mas só existe um poder em Você, e é preciso usá-lo tanto para o bem como para o mal, como resultado de cada pensamento, de cada formação mental que Você coloca na sua consciência!

Mude o seu modo de pensar e, instantâneamente, as condições que o cercam também mudarão. Mude a direção do ímã e o campo à sua volta mudará automática e imediatamente. Se, porém, Você vacilar dum lado para o outro, do lado bom para o mau, perderá o que ganhou e produzirá um resultado incerto e infeliz. É preciso que Você fixe a sua magnetização em direção àquilo que deseja, até consegui-lo. Isto exige uso de *vontade*, determinação desenvolvida, resolução para seguir até o fim, ficar o quanto fôr necessário com os pensamentos construtivos, com os quadros mentais certos, a fim de capacitar "aquela coisa", o poder criador interior, a ajudá-lo a alcançar o seu objetivo.

Eu posso — Eu posso — Eu posso — Eu posso!

Diga e repita isto com convicção, a si próprio e inúmeras vêzes! Olhe no espelho e diga — "Eu posso". Escreva e repita. Fale alto para si mesmo, quando sair para suas atividades diárias: "Eu posso! Eu posso! Eu posso! Eu posso! Eu posso!" Faça dessa resolução uma parte de sua consciência, construa tal fôrça de determinação interior, que nada possa estremecê-la.

Um homem de côr, certa vez, tentava mover uma mula chucra. Provàvelmente Você já ouviu esta história. O chefe dêle apareceu e disse-lhe:

— George, por que não experimenta sua fôrça de vontade neste asno?

George sacudiu a cabeça e respondeu:

— Eu já tentei, mas *num dianta.* Êle *tá usano* a sua *fôrça de contravontade!*

Está Você usando a sua fôrça de *contravontade?* Está dizendo para si mesmo, bem no fundo do seu íntimo que, dados os fracassos do passado, não adianta nada tentar? Se está procedendo assim, Você está matando a sua fôrça de vontade bem no seu início. Não se pode dizer, superficialmente: "Eu posso", quando alguma coisa na sua mente interior está dizendo justamente o contrário: "Porém Você está impossibilitado... Você não pode!"

Neste mundo as pessoas mais difíceis de serem ajudadas são aquelas que dizem logo de comêço: "Eu não posso... Eu não farei!"

"A fôrça de contravontade" é simplesmente a fôrça de vontade ao contrário! Você não obterá resultados de ambas, porque cada uma o servirá de maneira infalível, quando a elas recorrer. A "fôrça de contravontade" não lhe trará benefício algum e a fôrça de vontade lhe proporcionará tudo. Por que então não escolher a fôrça de vontade? Por que teimosamente se agarra à sua "fôrça de contravontade"? Por que Você, na verdade, talvez não queira fazer o esfôrço exigido para ajudá-lo? Por que lhe falta a fé na sua própria pessoa e no poder interior que deveria ter? Por que tem mêdo de tentar e falhar mais uma vez? É preciso que a qualquer momento principie, se deseja fazer de Você alguma coisa mais do que é hoje. Encontra-se satisfeito consigo próprio como está neste momento? Pensa que o mundo deve uma vida a Você, que outros deveriam ajudá-lo, quer Você tente ajudar-se a si próprio ou não, que se Você agüentar bastante e sofrer bastante, uma mudança para melhor virá, de qualquer maneira?

Não brinque consigo mesmo! Existe apenas um único caminho que o coloca fora dos problemas, e é por êle que Você precisa conduzir-se. Ninguém poderá guiá-lo ou empurrá-lo. Outros poderão mostrar-lhe o caminho, colocá-lo em posição e apontar a direção acertada, porém a Você compete a *caminhada*.

Eu posso — Eu posso — Eu posso — Eu posso!

Isto *resolve*! "Eu posso" põe vapor nas suas caldeiras, faz explodir a inércia, coloca as indolentes células cerebrais em movimento, dá nova vida que penetra pelo corpo e pelo espírito.

"Eu não posso" paralisa a iniciativa, o incentivo e o entusiasmo; impede tudo de funcionar, congestiona o corpo e o espírito, tira da vida todos os propósitos e encantos.

Injete em si mesmo a fôrça do "Eu posso"!

Dê um passo decisivo, companheiro! O que Você prefere: uma injeção de "fôrça de vontade" ou de "fôrça de contravontade"?

Esta é a decisão mais importante que Você poderia fazer. Todo o seu futuro depende dela.

A primeira injeção lhe trará maiores êxitos, felicidade e saúde do que Você pode imaginar.

A segunda injeção lhe trará maior miséria, fracasso e falta de saúde.

Escolha! É livre! Não custa nada. Ambos os podêres encontram-se igualmente disponíveis e igualmente merecedores de confiança. Trabalharão no momento em que Você os colocar em operação e para isto basta dizer: "Eu posso" ou "Eu não posso".

É inconcebível que Você venha a aceitar uma injeção de "Eu não posso", porém Você poderá assim decidir se na sua mente e coração ainda existir ódio e ressentimento, se estiver sentido com o mundo e a sociedade e se ainda deseja provar que nenhum poder no céu ou na terra será capaz de ajudá-lo!

Não é fácil varrer de sua consciência uma idéia fixa, porém o "Eu posso" é a *fôrça* que pode conseguir isso! Se Você tem o hábito de "deliciar-se com o pior", êle resistirá até o último momento! Você precisará ser inflexível, implacável consigo mesmo, com os erros do passado e a sua fraqueza. Não permita que a autopiedade ou outro sentimento qualquer de autodefesa tome conta de Você; se permitir, os "Eu não posso" e "Eu não quero" permanecerão em contrôle. Farão oposição ao "Eu posso!" quanto puderem, porque sabem que serão exterminados quando esta decisão penetrar em Você!

Que tal? Resolveu ingressar nas fileiras dos "Eu posso"? Se assim decidiu, nunca mais olhe para trás, para os dias do "Eu não posso". Você tem agora pela frente uma nova e sempre ampla estrada a seguir, repleta de indivíduos cheios de ambição, de alegria e de vontade de progredir, os quais têm como lema "Eu posso" e "Eu quero", e alcançam na vida objetivos nunca dantes sonhados!

Diga agora mesmo para si próprio: "Eu posso! Eu posso! Eu posso! Eu posso!" Isto não *faz* Você sentir alguma coisa interior? Não lhe dá nôvo ânimo, novas esperanças, novas ambições, novas determinações e uma nova autoconfiança?

Diga "Eu quero" e acredite nisso. Você está trilhando outro caminho, deixando suas dificuldades passadas para sempre!

13

O PENSAMENTO POSITIVO DISSIPA O MÊDO E A PREOCUPAÇÃO

Todos nós somos inclinados a calcular e a pesar as coisas, permitindo que o lado negativo sorrateiramente tome a dianteira e os nossos pensamentos se evidenciam com ponderações como: *"Não pode ser feito"*; *"Tenho mêdo"*; *"Que acontecerá se eu assim agir?"*; *"As pessoas não compreenderão"*; *"O esfôrço não compensa"*, *"Não tenho tempo"* e outros escapes verbais semelhantes. Se Você não expressou êstes pensamentos para si próprio, outras pessoas assim procederam para com Você, e, então, através do poder da sugestão, Você os aceitou como se fôssem suas próprias conclusões.

Para fazer progresso é necessário um tipo afirmativo, e já é tempo de Você saber como desenvolver-se em direção ao tipo afirmativo.

O tipo negativo naufraga antes de começar. A natureza toma conta dessas situações pela antiga lei da sobrevivência dos mais fortes. Sabemos o que aconteceu nos dias da antiga Esparta, quando as crianças eram deixadas sob sua própria responsabilidade e sòmente se concedia mais uma oportunidade àquelas que sobrevivessem.

O tipo negativo é um desertor ou, por outras palavras, o desertor é um tipo negativo. Não existe nenhuma lógica em jogar pedras em todo mundo, apenas para dar início a alguma coisa. Da mesma maneira é deplorável negócio deixar-se colocar na defensiva em tudo que Você tente fazer na vida, pois isto é um sinal negativo.

A pessoa que não quer ser derrotada não pode ser derrotada

Se Você foi apanhado de surprêsa e inopinadamente pôsto na defensiva, saia dessa situação. Tome a ofensiva o mais depressa possível, porque se Você permanecer na defensiva será vencido. Um dos seus maiores inimigos na vida será sempre o *mêdo.* Isto é o que torna muitas pessoas negativas e impede a muitas pessoas assumirem e manterem atitude positiva. O mêdo é um Grande Destruidor. Dê o comando de sua vida ao mêdo, e Você se tornará impossibilitado de alcançar alguma coisa que valha a pena.

Há uns 3.500 anos, Jó disse:

Pois a coisa que grandemente temia sobreveio e aquela de que tinha mêdo a mim é chegada.

Certamente elas sobrevieram porque, nos seus mêdos, êle as imaginou... usando a lei imutável para atraí-las. Assim como Você consegue trazer para a realidade as boas coisas que deseja, através de pensamentos positivos constantes, também traz as más coisas — aquelas que Você teme — pela preocupação e pelos pensamentos negativos constantes.

Se a sua leitura chegou até êste ponto, então deverá ter compreendido que quando Você tem cuidado com os seus pensamentos, êles terão cuidado com Você!

Sendo isto verdade, que acontecerá — amargura, embaraços, má saúde, preocupação, fracasso ou, saúde, riqueza, felicidade e sucesso? Está inteiramente em suas mãos. Nenhum poder desta terra, a não ser Você mesmo, poderá dirigir os seus pensamentos, e a maneira pela qual Você usa a sua vontade para conservar os pensamentos positivos é questão que está ùnicamente sob seu contrôle.

O falecido Presidente Franklin Delano Roosevelt fêz uma terrível afirmação, quando disse: *A única coisa que devemos temer é o próprio mêdo!*

Êle sabia o que falava, e milhões de pessoas, que o ouviram fazer a afirmativa, não desconheciam que êle sabia, porque precisaram apenas verificar o efeito do mêdo nas suas próprias vidas para compreender que o mêdo em si mesmo era pior do que as coisas temidas!

Na maioria das vêzes é mais fácil enfrentar alguma coisa que Você teme do que enfrentar a expectativa dela, porque a sua imaginação geralmente exagera, através do mêdo, o que Você teme poder acontecer-lhe.

Muitas pessoas se envergonham quando, finalmente, encarando uma situação que temiam, descobrem que não é tão má ou difícil como pensavam.

Elimine os quadros mentais medrosos

Você deveria sempre lembrar-se de que, sendo o pensamento formado por quadros, todo aquêle que entra para a consciência errôneamente composto, levando consigo um intenso sentimento de mêdo, é como semente que forma raiz na mente e, conseqüentemente, reproduz acontecimentos semelhantes na vida.

Para proteger-se do efeito crescente das reações emocionais erradas ou dos mêdos que aparecem e reaparecem, é preciso que Você adquira a habilidade de controlar os seus sentimentos. Você ainda será, mais ou menos, vítima do mêdo e da preocupação se vier surpreender-se a si mesmo expressando sentimentos e apreensões como êstes: "Estou tão preocupado que não posso pensar direito".

"Sinto que nada que vou fazer dará certo".

"Perdi a fé em mim mesmo e em Deus".

"Estou nervoso e tenso; faz semanas que não durmo".

"Não posso esquecer-me do que me aconteceu".

"Eu compreendo muito bem, porém não está no meu alcance deixar de torturar-me com os sentimentos de ódio, ressentimentos e mêdo".

"Perdi todo interêsse pela vida; se não tivesse mêdo colocaria um ponto final em tudo isto".

"O médico disse-me que se não aprender a controlar os meus mêdos e preocupações, eu me suicidarei".

Isto denota a sua personalidade ou se assemelha a frases mencionadas por Você? Se assim fôr, é tempo de agir e eliminar esta atitude negativa e derrotista.

Milhares de pessoas me têm escrito ou contado que o mêdo e a preocupação as aniquilam e que não conseguem sobrepor-se a êstes sentimentos. Gostariam de que lhes tocasse com uma varinha de condão e dissesse "Abracadabra", varrendo para longe os seus mêdos e procupações. Isto seria bem mais fácil do que trabalhar nas suas próprias pessoas, aplicando o conhecimento que lhes dei e que agora estou transmitindo através dêste livro. Teria, porém, a dizer-lhes com tôda a franqueza: "Por mais que eu deseje ser-lhes de maior ajuda, a lei não funciona desta maneira. Enquanto Vocês nada fizerem e apenas se queixarem destas situações, que foram ocasionadas por Vocês mesmas, mediante *pensamentos medrosos,* estas situações infelizes estão aptas a continuar".

Estas notícias não são agradáveis para muitos, porém, servem para sacudir uma certa percentagem que se encontra em ação. Depende de quão profundamente Você realmente *deseja libertar-se* desta praga dos mêdos e das preocupações. Não poderá consegui-lo sem exercitar a vontade, sem mudar os pensamentos do negativo para o positivo. E isto não significa ser positivo um minuto e negativo no outro.

Você precisa ser constante!

Divirto-me com as pessoas que dizem que estão "sustentando um pensamento acertado", pois quando pergunto "Por quanto tempo?", elas dizem: "Bem, de qualquer maneira, por alguns minutos". É preciso que Você se mantenha de tal modo seguro, que possa *viver* o pensamento certo, não por alguns minutos, mas dia após dia.

Quanto poderia Você progredir no tênis se devolvesse algumas bolas enviadas pelo adversário, depois fôsse para o lado de fora das linhas e ficasse sentado por alguns minutos, depois voltasse para recomeçar o jôgo, rebatesse algumas bolas mais e voltasse a ficar sentado? Isto pareceria muito imbecil, não é?

Bem, o jôgo da vida está sendo jogado durante todo o tempo e, para ganhá-lo, é preciso que Você nêle permaneça, quer queira, quer não queira. É preciso que tudo que o venha atingir seja devolvido com tôdas as fôrças que puder aplicar. O seu adversário ficará medroso e preocupado. A única maneira de vencê-lo é *tomar ação positiva e agressiva*. Pare de fugir. Olhe seus inimigos nos olhos, faça-os recuar e esmorecer. Quando Você encara o mêdo com coragem, êle bate em retirada. O mêdo será exterminado, fustigado e não terá nenhum poder sôbre Você, tão logo lhe seja aplicado um rápido golpe de "Coragem" e de "Eu quero". Êste é o pulverizador. Você não pode ser negativo e positivo ao mesmo tempo, um ou outro precisa prevàlecer. A sua cabeça poderá estar ensangüentada, porém enquanto Você não a curvar, permanecendo intrépido e sem temor, o seu velho inimigo, "o mêdo", estará derrotado. Não poderá atingi-lo de maneira alguma enquanto estiver sob estas condições positivas.

Existe um velho rifão que diz:

"Não adquirimos úlcera pelo que comemos, mas pelo que *nos* come!"

O mêdo pode perturbar a química do corpo e torná-lo suscetível a tôdas as doenças. O mêdo causa palpitação, indigestão, falta de ar, transpiração e tensão nervosa, reações alérgicas e várias outras reações físicas, as quais, com o tempo, podem transformar-se em doenças graves.

– Tenho mêdo do escuro, tenho mêdo de cair, tenho mêdo do fogo, mêdo disto e daquilo, na verdade tenho mêdo de quase tudo! é o que me dizem algumas pessoas.

– Bem, – pergunto-lhes éu, – e o que está fazendo a respeito?

– Que *posso* fazer? – respondem muitos. – Tenho mêdo e isso é tudo.

Medrosos, medrosos... Repetição... repetição... quanto mais temem *mais* tornam a temer. O semelhante atrai o semelhante. Uma bola de neve principia a descer uma colina coberta de neve. A princípio é apenas uma pequenina bola, mas quando atinge o sopé da montanha é uma avalancha. O mêdo é como bola de neve que, se Você não partir, acabará por engolfá-lo e submergi-lo.

Dê a seus mêdos uma oportunidade para crescer, acalente-os com mais mêdos e terá que lutar contra macaréu.

A preocupação, naturalmente, é a serva do mêdo. Ia dizer, é a "espôsa" do mêdo.

George Washington Lyon disse: "*As preocupações são os juros pagos por aquêles que adquirem aflições por empréstimo.*"

John Bunyan disse que estava capacitado para eliminar as preocupações durante dois dias da semana. Assim escreveu:

Existem dois dias na semana com os quais e sôbre os quais nunca me preocupo. Dois dias livres de cuidados, sagradamente mantidos livres de mêdo e de apreensão. Um dêstes dias é o de ontem... e o outro é o de amanhã!

Se Você puder eliminar o mêdo e a preocupação do dia de ontem e do de amanhã, terá apenas que eliminar os de *hoje* e assim os vencerá de uma vez!

Ah! Hoje, porém, é o único dia em que Você está vivo. É o único dia que Você tem para enfrentar a realidade. Hoje é o único dia que Você tem para fazer alguma coisa, construtiva ou destrutiva. Hoje, antes que se transforme em *ontem,* é a sua oportunidade para caminhar para a frente ou para trás! Hoje, antes que se transforme em *amanhã,* é a sua oportunidade para preparar melhor base para o seu futuro!

Que está Você fazendo do dia de hoje? Está preenchendo-o com os seus mêdos e as suas preocupações usuais, garantindo assim a repetição do dia de amanhã?

O pensamento positivo e o negativo governam o mundo para o bem ou para o mal

Qualquer inclinação ascendente ou descendente em nosso esquema econômico mundial é inteiramente devida ao nosso modo de pensar. Quando os grandes líderes do mundo, os homens de Estado, os financistas, os diretores de jornal, os editôres, os economistas, aquêles que influenciam diretamente o pensamento de milhões de pessoas em tôda e qualquer parte do globo, permitem a penetração de pensamentos depressivos nos seus esquemas, nesse momento êsses mesmos pensamentos, acompanhados de vibrações medrosas, penetram no esquema daqueles mesmos milhões, e os negócios chegam à paralisação.

Quando os líderes mundiais mudam o seu modo de pensar, lançam fora o mêdo e avançam para a frente, então milhões de pensamentos mudam para melhor e, à medida que pensam construtivamente, os negócios progridem.

O mêdo, praga da humanidade, precisa ser derrotado!

Hoje em dia o mundo está infestado pelo mêdo. A ameaça das bombas A, H e sabe Deus que outras espécies novas e ainda mais destruidoras bombas pairam no globo. Sob tais condições de horror, não é de admirar que a vida econômica de milhões em todos os lugares esteja num delicado estado de desequilíbrio e que o mêdo de uma terceira guerra mundial exista na mente das grandes massas do povo. Aliados a isto encontram-se os ódios e os ressentimentos, que fervilham entre as várias raças, os mêdos e as suspeitas que, infelizmente, tràgicamente existem e exigem uma grande fé e coragem para que o indivíduo possa manter atitude mental correta.

Em face de tudo isto, porém, é absolutamente imperativo que Você aprenda a controlar as emoções — os mêdos e preocupações —, que Você *imagine* a sua própria pessoa recebendo orientação e proteção do poder interior, para que possa ficar seguro e a salvo, não importa o que venha a acontecer na maior parte do mundo, para que Você faça tudo que estiver a seu alcance para ajudar a proporcionar melhores condições à sua comunidade e estender a sua própria influência benéfica o mais longe possível.

Seja positivo! Seja corajoso, creia, tenha fé, prepare a sua mente hoje, para que possa controlar em alto grau o seu futuro individual.

Lembre-se disto: os sêres humanos são sêres humanos em todo o mundo, seja em Praga ou em Timbuctu; são todos sujeitos às mesmas emoções, às mesmas influências e às mesmas vibrações; e que é uma comunidade, uma cidade ou uma nação senão mera coleção de sêres individuais humanos?

Uma vez mais:

"O homem é como pensa em seu coração."

O pensamento de uma comunidade é a comunidade; o pensamento de uma cidade é a cidade; o pensamento de uma nação é a nação! Onde Você vive, dê a sua contribuição para o pensamento dos seus tempos. A sua atitude positiva ajudará outros a tornarem-se mais positivos. Não se importe com alguns recuos... ou obstáculos.

Quando um trem passa pela sua frente estremecendo os trilhos, Você freia o seu automóvel, coloca a marcha em ponto-morto, deixando o motor a funcionar. Logo depois Você coloca o carro em movimento e segue caminho, porém, certamente, não engatará marcha à ré e não *caminhará para trás!*

Compare-se ao câmbio de seu automóvel. Na *marcha à ré* coloque todos os mêdos, preocupações, aflições, tôdas as suas penas e dôres. Muito bem. Quando as coisas tôdas vão mal, em vez de tornar-se aborrecido, perdendo o autocontrôle, simplesmente ponha os pés no breque, deixe o motor em ponto-morto até que possa ver com clareza o caminho que tem pela frente.

Em terceira está tudo que Você deseja: saúde, riqueza, felicidade e sucesso. Nenhum poder no mundo, exceto as suas próprias mãos, poderão engatar marcha à ré no seu automóvel. Se assim acontecer, lembre-se: Você mesmo e *ninguém mais* assim procedeu, através dos seus próprios pensamentos, porque:

"O bem e o mal não existem, o pensamento é que os cria".

HAMLET — ATO II, Cena 2

A maneira pela qual Você pensa é, portanto, a responsável pelo engate da marcha para a frente ou para ré. Quando a sua própria pessoa é colocada em marcha à ré, preocupação e irritação, Você está usando a idéia do *pam, pam,* a fim de trazer para a sua existência as coisas que mais deseja evitar!

Diga consigo mesmo: "Dêste momento em diante serei positivo!" E quando o disser, sinta esta decisão sinceramente!

Erija uma parede de aço no lado adequado da marcha à ré para que Você jamais possa engatá-la. Feche a porta do passado. Conserve-a assim. Depois, mude a marcha da primeira para a terceira e aí *permaneça.*

14

A SURPREENDENTE PROVA DA TRANSFERÊNCIA DO PENSAMENTO

Antes que Você possa completar o que deseja alcançar, em sua mente ou através dela, é preciso que conheça melhor o funcionamento do seu subconsciente. Associa-se muito mistério a êste funcionamento e muitos cientistas, médicos, biologistas, antropologistas, psicólogos, psiquiatras e outras autoridades estão tentando obter maiores esclarecimentos acêrca do que acontece no profundo recesso do cérebro humano. Chegaram a descobrir que é possível remover grandes seções do cérebro humano sem prejudicar a consciência ou a inteligência. Você já ouviu falar do eletroencefalógrafo, aparelho cuja sensibilidade permite detetar e registrar as ondas cerebrais. Tive conhecimento, recentemente, de um nôvo instrumento, atualmente em desenvolvimento, através do qual se pode fazer um gráfico das correntes negativas e positivas em cada órgão do corpo, para determinar o estado de saúde "elétrico" dêsses órgãos.

Você sabe que o corpo físico não é o organismo grosseiramente material que antigamente pensávamos. É hoje tido como máquina eletroquímica de grande sensibilidade. Há alguns anos os cientistas pensavam que a parte chamada "alma" fôsse integrante do corpo e morresse com êle. Hoje não têm certeza. De fato, muitos cientistas chegaram à conclusão de que a inteligência, a consciência, pode não ser parte do corpo, mas simplesmente manifestar-se *através* dêle. Imagine a sua própria pessoa, então, como um inquilino temporário, vivendo numa esplêndida casa de carne, ganhando experiência e desenvolvendo a alma e a consciência através desta experiência, enquanto ali residindo, e finalmente abandonando essa casa quando ela já se encontra danificada e sem mais utilidade.

Fantástico? Nada mais é fantástico, nesta era de Buck Rogers. O que a mente do homem pode conceber, pode alcançar! A humanidade tem desejado a imortalidade, desde quando teve consciência da vida. Canta, escreve e sonha com uma "vida por vir", na sua religião, nas suas filosofias, nas suas canções e nas suas aspirações pessoais. Torna-se agora visível que o homem está intuitivamente compreendendo a existência de "uma terra além do alcance dos cinco sentidos físicos", não menos real do que o mundo em que atualmente vive, uma terra que espera a sua chegada depois da transformação chamada "morte".

À medida que Você desenvolver os seus próprios conhecimentos, também se tornará consciente de uma convicção positiva e crescente de que "esta vida não é tudo", mas "apenas o princípio" de uma aventura e de uma experiência contínua e reveladora da grandeza do Universo Divino!

A chave para êste profundo conhecimento do seu próprio "eu" e da sua verdadeira relação com a consciência Divina interior pode encontrar-se no desenvolvimento da direção e do contrôle da parte subconsciente da sua própria pessoa.

Quanto conhece Você da sua mente subconsciente? Sabia que se trata do mais notável mecanismo do universo? Talvez a palavra "mecanismo" não seja bem acertada, porém é preciso dar-lhe algum nome. Opera com a precisão de um relógio, *se* dirigida de maneira apropriada. Se Você possuísse empregado em quem depositasse confiança cega, que seguisse tôdas as suas ordens até o mais minucioso dos detalhes, que lhe trouxesse tudo que Você desejasse, quer fôsse bom ou mau, teria pequena amostra do que o seu subconsciente pode fazer.

O subconsciente guarda para uso futuro todos os quadros e sentimentos mentais das experiências que Você adquiriu. A maneira pela qual Você sente a respeito de alguém ou de alguma coisa fica arquivada no subconsciente. Os seus mêdos, preocupações, ódios e preconceitos, tudo se encontra lá... juntamente com os bons pensamentos. Quando os pensamentos são bons, Você se harmoniza com os outros da mesma espécie que lá já se encontram arquivados. Se hoje Você aprecia alguém e nada acontece para alterar êste conceito, apreciará êsse alguém ainda mais amanhã, porque os sentimentos de cada dia a respeito desta pessoa são acrescidos aos sentimentos do dia anterior. A repetição é de uma fôrça tremenda.

Sempre se conserva o modo pelo qual se começa a fazer as coisas, a menos que Você mude de idéia ou alguma coisa aconteça e o faça agir diferentemente. Dentro de sua mente forma-se um sulco, igual ao de um disco de vitrola, porém não há necessidade de que êsse sulco permaneça dêste modo. Você poderá alterá-lo quando desejar, porque Você é uma criatura de vontade e de escolha livres, pois a sua mente subconsciente está sempre controlada e dirigida pelos desejos e decisões da sua consciência.

O subsconsciente é um vasto reservatório de conhecimento, que foi adquirido através das experiências passadas, através da educação e da reflexão. Possui também um conhecimento que lhe é transmitido pelas faculdades intuitivas, pelos órgãos extra-sensoriais, porque uma parte do subconsciente não é limitada nem pelo tempo, nem pelo espaço. É uma casa de fôrça e energia que se lança para dentro do universo, que o cerca e que lhe traz percepção das coisas que nunca poderiam penetrar na consciência por si próprias. Ninguém sabe exatamente como o subconsciente faz tudo isto, porém os cientistas estão colhendo inúmeras provas de que Você é uma estação transmissora e receptora, ligada ao que corresponde a um circuito universal. Você pode ser colocado em contacto com qualquer pessoa ou coisa que deseje. Naturalmente, não são muitos os que se desenvolveram a ponto de dirigir êstes altos podêres para comunicação *consciente* com os mundos físico, mental, psíquico e, de acôrdo com diversos investigadores, também com o espiritual, passado, presente e futuro... porém dizem que isto será um dia realizado!

O corpo é refletor do pensamento!

O subconsciente é uma parte de Você que nunca dorme. Se êle parasse de trabalhar, o corpo pararia de funcionar, porque o subconsciente contém a inteligência miraculosa que conserva o bater do coração, o respirar dos pulmões, a digestão, pelo estômago, de tudo que Você come (e não pense que isto seja sempre uma coisa fácil). Todos os órgãos do corpo, inclusive o funcionamento dos cinco sentidos, são regulados pelo subconsciente e, se Você não interferisse no seu contrôle jogando uma chave inglêsa dentro da maquinaria do subconsciente, sob forma de mêdo ou preocupação, o coração nunca perderia uma batida, Você respiraria sem perceber e nunca saberia que o estômago estaria digerindo a alimentação. Comece porém a ficar apreensivo a respeito de alguma coisa, tornando o corpo tenso, e observará que o coração começa a palpitar, notará o seu fôlego mais curto e não terá vontade de comer porque sentirá o estômago amarrado, como se lhe tivesse dado um nó. Talvez até fique enjoado. Isto deveria ensiná-lo a ter cuidado com os pensamentos e a deixar o subconsciente cuidar do seu corpo. Se Você disser ao subconsciente que está aborrecido, êle tem necessidade de contar ao corpo a mesma coisa, porque o corpo — a casa em que Você vive — é apenas um reflexo do pensamento. Você não pode dizer que se sente mal, e sentir-se bem.

Um pouco antes de dormir, entregue à mente subconsciente um problema para resolver. Tenha confiança, pois esta poderosa inteligência interior pode resolver e resolverá o problema. Esqueça-o e verá que pela manhã, com tôda a probabilidade, Você acordará com a resposta ou saberá o que fazer para consegui-la. Quanto mais Você exercitar o subconsciente, dando-lhe tarefas para desempenhar, mais êle o ajudará. É um dos mais prestativos servos que Você jamais poderia ter! Não importa o quanto de trabalho Você tenha açambarcado, quantos problemas estejam a seu cargo, quantos desejos ou metas Você guarde de uma só vez no consciente. Lembre-se: a operação do seu subconsciente não é limitada, a menos que Você a limite pelo pensamento limitado.

Êste assombroso subconsciente possui um poder que, à falta de melhor maneira para descrevê-lo, dizemos magnético. Parece magnetizar as situações que o cercam no momento em que Você lhe entregue um claro quadro mental do que deseja. Começa a atrair tudo o que Você necessita, até as pessoas que precisam ser encontradas para ajudá-lo a adquirir o que Você procura. As coisas principiam por acontecer tão naturalmente que, na maioria das vêzes, Você não compreende que é a sua mente subconsciente que está fazendo tudo isto. Está usando todos os seus podêres – nos campos físico, mental e espiritual da sua vida – e focalizando-os no seu objetivo.

Você não poderá falhar se instruir o seu subconsciente de maneira apropriada e mantiver a sua fé no maravilhoso trabalho da Divina Fôrça interior. O mais misterioso, porém, de todos os trabalhos do subconsciente é o chamado de "faculdades extra-sensoriais".

O que Você precisa saber a respeito da percepção extra-sensorial

Suponho que lhe sejam familiares as exaustivas experiências relativas ao ramo parapsicológico, que o Dr. J. B. Rhine e sua equipe, na Duke University, dirigiram e ainda dirigem. Um pequeno resumo de suas atividades seria de grande valor.

O Dr. Rhine empreendeu suas experiências há anos partindo da idéia de que a mente humana pode tornar-se ciente de fatos e situações a várias ou ilimitadas distâncias do corpo, com ou sem a interferência de outra mente, na transmissão ou na recepção. Principiou as suas experiências com uns cartões por êle idealizados, contendo fortes e negros símbolos de uma cruz, de um círculo, de um quadrado, de um triângulo e de linhas onduladas. Os seus colaboradores permaneciam em diferentes salas ou prédios e tentavam transmitir ou receber êsses símbolos. Outros procuraram receber as impressões da ordem dêsses símbolos num baralho, concentrando-se sôbre êle sem que nenhuma outra mente humana soubesse a ordem prèviamente. Outros ainda procuravam anotar as suas impressões da ordem em que êstes cartões ficariam se fôssem embaralhados mais adiante, para ver se era possível a mente predizer a chegada de um acontecimento ou de uma ocasião específica.

Tôdas estas experiências laboriosa e esmeradamente repetidas, com tôda a precaução contra possíveis fraudes conscientes ou inconscientes, contra sugestão ou causa física, produziram resultados quantitativos e positivos que definitivamente foram colocados acima e além da sorte.

Não há mais nenhuma dúvida científica a respeito da existência dessas fôrças poderosas.* De fato, também se tem mostrado a influência da mente sôbre a mente dos animais, sôbre as plantas e objetos inanimados. Mesmo assim, ainda não saímos do Jardim da Infância a respeito do conhecimento da consciência e sua relação fundamental com o nosso interior e exterior, o que um dia será revelado.

Existem milhares e milhares de autênticos casos bem testemunhados de homens, mulheres e crianças que receberam impressões de natureza telepática, clarividente ou de precognição. Estas impressões se apresentam em forma de quadros mentais, de fortes sentimentos ou de sensações conhecidas em estado de vigília ou onírico. Têm sentido ou "visto" acontecimentos com amigos ou pessoas queridas, ou mesmo com estranhos, ocorridos longe dêles ou algum tempo depois. Dentro de estabelecidas condições de receptividade e concentração, a mente pode comunicar-se com a mente, livre de supostas barreiras como o tempo e o espaço.

Você pode desenvolver fôrças mentais semelhantes

Já se disse que a mente subconsciente e as fôrças que ela possui não são limitadas nem pelo espaço nem pelo tempo. Quando Você aprender a controlar as emoções e a própria mente, também poderá transmitir e receber pensamentos.

Se Você desejar tentar alguma experiência telepática consigo mesmo, há um padrão definido para seguir. Muitas pessoas experimentaram e manifestaram espanto ante as corretas impressões que receberam. Primeiramente relaxe o corpo dos pés à cabeça, deixando que a mente consciente dêle se desprenda por completo. Isto, em si mesmo, não é fácil, mas poderá ser alcançado com algum treino. Depois de conseguir fazer que a sua mente se torne passiva (despida de qualquer pensamento) *olhe para o interior da mente,* virando, figurativamente, a sua vista física *para dentro,* focalizando-a para o que eu chamo de "tela do seu quadro mental". Esta é uma branca tela imaginária que se

(*) Vários cientistas criticam, ainda hoje, certos pontos das experiências de Rhine, não sendo pois inteiramente válida a afirmação do autor. (N. do Ed.)

encontra dependurada na escuridão da sua consciência interior e sôbre a qual, de acôrdo com os princípios da televisão, se estampam as imagens que forem à mente, vindas da fonte exterior.

Estou convicto de que todos nós possuímos êstes podêres sensoriais numa forma adormecida ou parcialmente desenvolvida e que, quando aceitamos a sua existência e confiamos em que êstes podêres podem e irão nos servir, êles começam a funcionar a nosso favor! A dúvida e a descrença impedem a manifestação dêstes podêres exatamente tão definitivos como a dúvida e a descrença impedem que os podêres criadores da mente operem *através de* e *em Você*. Estas faculdades extra-sensoriais são tôdas parte dêste mesmo grande poder. Quando Você sente um impulso repentino e inexplicável, ou uma urgência para fazer ou não fazer alguma coisa, isto se chama intuição. Estas percepções extra-sensoriais estão tentando enviar uma mensagem a Você.

Ocasionalmente Você receberá uma impressão ou a estampa de um quadro mental de um acontecimento futuro ou de alguma ocorrência que se encaminha em sua direção. Se Você tiver a firme convicção de que a impressão premonitória é genuína, não permita que a mente consciente discuta, para dissuadi-lo.

Acredito que o homem possui isto em seu poder para criar, em grande parte, o seu próprio futuro e o seu próprio destino. Quanto mais êle puder aprender para desenvolver e utilizar as fôrças mais poderosas da mente, as suas faculdades intuitivas, e seguir os seus genuínos impulsos e advertências, mais poderá evitar as experiências infelizes e atrair os bons acontecimentos.

Conquanto eu tenha devotado anos para alcançar tal desenvolvimento, quase todo mundo pode algum dia, na sua vida, testificar alguma experiência em que a sua mente se harmonizou com os pensamentos de outra. Devo à Sra. J. R. Hutchinson, de La Jolla, Califórnia, esta ótima ilustração:

> "Quando minha filha tinha três anos, mais ou menos, possìvelmente quatro, o que teria sido em 1925, fui, certa noite, a uma festa. Os brindes foram pequenos guarda-sóis japonêses de papel. Na festa contei aos meus amigos que iria levar o meu guarda-sol à minha filha, e êles fizeram-me presente dos seus para que também fôssem levados a ela. Minha filha gostou muito dos guarda-sóis e com êles brincou longo tempo, durante o qual encontrei uma canção muito

engraçadinha a respeito de um "guarda-sol de papel", que juntas, então, nos acostumamos a cantar. Depois disso, não me lembro de ter pensado nas palavras da canção.

Êste ano, na manhã do dia 10 de junho, eu me levantei perseguida por uma pequena canção que repetidamente vinha à minha mente. Finalmente as palavras apareceram, uma por uma, e depois de umas duas horas, durante as quais cuidava dos meus deveres domésticos, a canção inteirinha voltou-me à memória, palavras e música. Corri para meu marido que estava fora, cuidando do jardim, e perguntei-lhe se gostaria de ouvir uma interessante cançãozinha a respeito de um pequeno guarda-sol. Cantei-lhe muitas vêzes e contei-lhe como estivera na minha cabeça durante tôda a manhã. O meu marido é uma pessoa muito realista e riu bem humorado por eu fazer tamanho estardalhaço a respeito. Depois esqueci tudo que aconteceu.

No dia 18 de junho, encontrei em nossa caixa de correspondência um envelope do México, que aparentava conter mais do que simples fôlhas de papel. Levei-o para casa, pensando em que poderia ser e no que conteria, como havia passado pelo pessoal de importação, etc. Quando o abri, para minha surprêsa, lá estava um *pequeno pára-sol de papel* e uma nota de minha filha, dizendo: *"Lembra-se da menina para quem Você trouxe pequeninos guarda-sóis japonêses depois de uma festa para "gente grande"?*

Infelizmente não havia data na mensagem de minha filha e a maneira pela qual o sêlo foi carimbado me impediu de ver a data exata em que foi colocada no correio. Eu, naturalmente, não havia escrito a minha filha a respeito de ter, dias antes, cantado ou pensado tão fortemente na canção do pequeno guarda-sol. Do mesmo modo, é muito claro para mim que ela captou os meus pensamentos ou eu captei os dela. Depois de todos êstes anos, uma coisa tão fora do comum como esta não poderia ser considerada simples coincidência!".

Naturalmente, não poderia ter sido uma coincidência! A mente comunica-se com a mente, especialmente entre os amigos e pessoas queridas, muito mais amiúde do que conscientemente compreendemos!

Existem aquêles que acreditam poder comunicar-se, oportunamente, com as pessoas queridas que já se foram, através da mente. E por que não? Se os sêres humanos sobrevivem à morte e podem comunicar-se, mente a mente, enquanto na Terra, devem ainda estar capacitados para nos alcançar através da mente quando desenvolvemos os nossos podêres de sensibilidade de maneira altamente suficiente... ou em nossos sonhos quando a mente consciente é nula e nos encontramos nos domínios do subconsciente, sem estarmos ligados pelo espaço ou pelo tempo.

Arthur Godfrey, em um dos números da bela e pequena revista inspiradora — *Guideposts* — conta uma "experiência psíquica" que aconteceu com a sua própria pessoa:

> "Foi em 1923, quando fui designado para a Marinha, como encarregado da radiocomunicação de um "destroyer". Desde que deixara a minha casa, já havia dado muitas voltas. Os anos e a vida não haviam sido muito bondosos para mim, e a Marinha era um santuário, o único lugar seguro que há muito tempo conhecera. Um dia adormeci na minha cama-beliche e sonhei.
>
> Meu pai — não o via havia vários anos — repentinamente entrou no quarto. Ofereceu-me a mão, dizendo, "Adeus garôto!" Respondi-lhe: "Adeus, Papai!" Fiz uma espécie de oração. Não foi eloqüente, mas vinha do coração.
>
> Nunca mais o vi. Quando acordei, meus companheiros avisaram-me que no momento exato em que havia adormecido, os telégrafos de terra noticiavam a morte de meu pai.
>
> Não me fale sôbre ciência e a sua exata explicação de tudo... Alguma coisa é muito maior. Deus é a diferença. Êle anda por aí.

Sim, Deus *é* a diferença... o Poder Divino interior. Está a seu cargo, porém é preciso desenvolvê-lo e aprender a usá-lo na vida diária. Treine a sua pessoa para seguir as suas intuições e a orientação que recebe das impressões que chegam até Você. Se acredita que possui fôrças mais poderosas, se tem fé, não resta dúvida que elas trabalharão em seu favor! E uma vez que passe por experiências próprias, similares àquelas que descrevi neste capítulo, Você nunca mais duvidará!

15

A MENTE PODE REALIZAR CURAS

Para vencer o mundo é necessário ter boa saúde! Você necessita de vitalidade física para suportar uma mente energética. Aquêles que carregam um físico doente e indisposto estão quase sempre trabalhando com obstáculos auto-impostos. Na maioria dos casos, as doenças de que sofrem são motivadas pelo errôneo modo de pensar e pelas próprias reações emocionais.

Torne a examinar a si mesmo! Se Você não possui o grau de saúde que deveria ter, que tem feito para ajudar a criar estas situações de distúrbio? Pode ter a certeza de que está fazendo alguma coisa para alterar a química do corpo, permitindo que alguns mêdos, preocupações, ódios ou ressentimentos tumultuem o seu interior. Nada acontece por acidente. Atrás de qualquer coisa que ocorra, até a mais insignificante, existem causas. Atualmente já se constatou que o corpo reflete as atitudes da mente, quando estas atitudes se tornam crônicas. Você sabe muito bem que a preocupação e a apreensão perturbam a digestão, acasionam falta de ar, palpitação cardíaca e transpiração nervosa. Um mêdo repentino pode ocasionar tudo isto. Portanto, não me diga que o que Você pensa e sente não afeta a saúde!

Agora, compreenda êste ponto importante: se a sua mente tem o poder de torná-lo doente, através de um modo de pensar errôneo, òbviamente tem o poder de fazer que Você se sinta bem, curando-o através de uma maneira de pensar correta.

Não proclamo que a fôrça de vontade, o poder criador interior, seja remédio para tudo, porém sei que a atitude mental correta auxiliará qualquer pessoa em estado doentio. Lembra-se do francês, Dr. Emile Coué, [1] que estêve neste país há alguns anos, dizendo às pessoas que poderiam curar-se se lhe adotassem o plano? Sua idéia era simples. Tudo que Você deveria fazer era dizer repetidamente, para consigo mesmo: *Estou melhorando dia a dia em todos os sentidos.*

Muitos riram do Dr. Coué. O seu método era tão simples que diziam estar èle "gira". Não havia nada de nôvo na sua idéia, nada mais além do que já existe nas coisas novas, contidas nas idéias que apregoou. É apenas uma outra maneira de expressar todo o esquema... reiteração, repetição... conservar ao máximo o que Você deseja, durante todo o tempo... Êstes pensamentos positivos, em troca, são transmitidos à mente subconsciente — ao poder criador interior.

Pense em ter saúde, riqueza e felicidade, que tudo *com o tempo* virá ao seu encontro. Não pode ser de outra maneira!

Não desista, agora! Você não pode ser ignorante a êste respeito! As boas idéias como as do Dr. Coué perderam, para muitos, o valor porque êles presenciaram o fracasso de outros. Você não pode iludir-se dando a êste pensamento — "Estou melhorando dia a dia, em todos os sentidos" — uma colaboração sem convicção, isto é, nada fazendo para mudar as suas atitudes, hábitos ou práticas mentais, que lhe proporcionaram uma saúde má.

Não poderá reter um "pensamento correto" e esperar atingir alguma meta se está repleto de centenas de "pensamentos errôneos".

Todos nós conhecemos pessoas que contìnuamente se queixam de dores nas costas, de cabeça, de estômago ou de outras espécies. Repisam-nas tediosamente e a primeira coisa que conhecem, com esta reiteração, é que as dores se tornam realidades. Se Você tem uma certa dor ou sofrimento e determinou que não se trata de nada sério, mas sim de reação ou tensão nervosa, não há

---

1. Emile Coué — 1857-1926 — Psicoterapeuta francês. Tratava as enfermidades físicas e mentais pela auto-sugestão. (Nota do Editor).

motivo para comentar a respeito disso. Tudo isto causa aborrecimento muito maior a Você mesmo e aos outros. Êstes têm os seus próprios problemas e preocupações, a respeito dos quais desejam falar, e fàcilmente se ressentem quando Você lhes desfere o golpe. E é mesmo um golpe; quando Você não se sente bem, êle o atinge em cheio, bem no plexo solar. Você caminha com aquêle sentimento de que é uma pessoa desprezível e acabada, e quanto mais Você repete quão infeliz se sente, mais seguro fica de que é uma boa medida procurar uma emprêsa funerária. A reflexão constante a respeito de doenças as aumentará e as cimentará, em Você.

Fuja do lado negativo e torne-se um tipo positivo. Pense de maneira afirmativa, e o desaparecimento das suas dores, dos seus problemas e de suas preocupações será a primeira coisa de que Você tomará conhecimento. Êles não podem continuar a viver a suas expensas uma vez que Você lhes recuse alimento.

> *"Se és atormentado por alguma coisa externa, não é isto que te perturba, mas sim o teu próprio julgamento a respeito dela. Está ao teu alcance varrer êste pensamento. Se, porém, alguma coisa te causa dor por tua própria vontade, quem te impede de corrigir a tua opinião?*
>
> Filosofia dos Velhos Tempos

A cura pelo amor

Os cientistas da Harvard, sob a direção do Professor Pitirim A. Sorokin, estão dirigindo uma das mais raras experiências. Estão estudando o *poder do amor.* Já descobriram que o amor possui mais poder sôbre a doença do que a medicina. Doses acertadas desta emoção podem ocasionar vida mais longa, maior saúde e felicidade, como também paz de espírito. Jovens e velhos transformam-se quando tomam uma porção de amor. Se Você não gosta de alguém e remói-se com o ódio que dedica a essa pessoa, principie por amá-la e verá o que acontecerá. Você estará inclinado a possuir antes um amigo de que um inimigo e a libertar das úlceras o seu estômago. A maioria dos sêres humanos nunca esquece um insulto, porém lembra uma bondade muito mais tempo. Desde que o semelhante atrai o semelhante,

Você não preferiria dar amor e bondade, recebendo em troca amor e bondade?

Você já ouviu as pessoas dizerem: "Ajustarei as contas com fulano, mesmo que me custe a vida!" Carregando tal ressentimento, torna-se para essas pessoas muito mais difícil o desprendimento do que para aquela que é odiada.

Todos querem ser amados, até mesmo o cão; e todos acalentam o amor, até mesmo o cão. Você se sente melhor quando ama e é amado. Se pensa que o amor não é uma fôrça poderosa, criadora e vital, olhe para as pessoas que à sua volta estão sequiosas e famintas de amor! Diversos cientistas tentaram amar algumas plantas e odiar outras, e aquelas que foram envenenadas pelo ódio — aguadas e cuidadas mecânicamente de maneira igual às outras — não se desenvolveram ou chegaram mesmo a murchar e morrer!

Existe um velho rifão que diz: "Você pode até matar uma pessoa de amor"; porém eu jogo no amor, a qualquer hora, contra o ódio. Se deseja alcançar e conservar boa saúde, expulse da sua vida o ódio!

A mente pode curá-lo

Existe na mente um poder criador que, dirigido de maneira conveniente, pode curá-lo. Tenho usado êste poder para curar diferentes distúrbios físicos, que foram em mim cultivados por um modo de pensar errôneo. Você também poderá aprender a usá-lo.

Um dos meus queridos amigos é o Dr. Frederick Bailes, diretor da grande "Science of Mind Church" em Los Angeles, que dirige o serviço de cura realizado cada domingo de manhã no Fox-Wilshire Theatre. Êste inclui uma pausa para meditação; vale a pena atravessar o país para vê-lo. Um auditório com capacidade de 2 500 pessoas sentadas no mais absoluto silêncio, apelando pelo Divino dom do poder criador, "aquela coisa" que existe nos seus interiores. Cada um forma o seu quadro mental, seja qual fôr a condição física que necessite de correção, em si próprio ou em outras pessoas, como se tivessem sido restauradas ao estado normal. Os resultados são sempre surpreendentes, e isto porque o Dr. Bailes é um homem que pratica o que prega. Êle curou-se a si mesmo e sabe como auxiliar os outros a curarem-se a si próprios. Foi por esta razão que pedi ao Dr. Bailes que contasse a sua própria cura para que Você pudesse aplicar o mesmo método às suas necessidades preponderantes. Aqui está:

> "Em 1915 estava completando o meu treinamento na London Missionary School of Medicine, ligada com o London Homeopathic Hospital, preparatório para a minha viagem à Bolívia como médico missionário. Um mês antes da graduação fiquei doente; os exames de laboratório confirmaram o diagnóstico — diabetes, o que invariàvelmente seria fatal, especialmente em pessoas jovens. Os melhores médicos da Harley Street deram-me um ou dois anos de vida.
>
> A esta altura encontrava-me mergulhado na tradição médica e teria usado métodos medicinais de tratamento, porém uma vez que isto se passou cinco anos antes do trabalho de Banting com a insulina, não havia nenhuma droga medicinal que tivesse efeito sôbre a doença.
>
> Dois dos médicos visitantes, com os quais trabalhei hospital, estavam começando a pesquisar a interação da mente com o corpo. Experimentamos com alguns pacientes externos, ministrando placebos, isto é, comprimidos não-medicinais parecidos com remédio. Em muitos casos constatamos que fizeram tanto progresso como se esperaria da droga genuína. Por exemplo: dizíamos ao paciente para tomar 3 pílulas diárias durante uma semana, depois fazíamos o dispensário emitir apenas o número suficiente para cinco dias e tôdas as quinze pílulas não passavam de placebos. Freqüentemente, na sua volta, a paciente dizia: "Doutor, eu me senti bem até quinta-feira, porém as minhas pílulas se acabaram e tenho sofrido horrìvelmente nestes últimos dois dias."
>
> Uma vez que êstes pacientes sofriam de doenças sérias, e uma vez que vira outros que sob a hipnose se libertaram de sofrimentos extremos sem o uso de morfina, decidi que alguma espécie de técnica mental poderia trabalhar a meu favor, especialmente se a ela me dedicasse de olhos abertos, portanto sem o uso dos tais comprimidos.
>
> Assim fiz! Desde que uma miríade de novas células é formada a cada momento sob a idéia dominante de saúde ou doença, determinei que iria estampar cada célula com o conceito de saúde, de estrutura, de ação e função ade-

quadas, e começaria a exaltar o corpo pela mútua cooperação e assistência de uma parte com a outra.

Felizmente, para mim, a estrutura interna do pâncreas era-me bastante familiar, pois havia dissecado diversos dêsses órgãos e poderia formar um quadro mental das ilhotas de Langerhans que constituem o laboratório químico no qual a Infinita Inteligência sintetiza a insulina. Comecei a conversar e a dizer-lhe que sabia que ela queria trabalhar, que não poderia fazer uma greve branca, que alguma coisa nas minhas atitudes passadas, tanto mentais como emocionais, a havia separado de sua vontade de trabalhar e que de agora em diante ela teria tôda a cooperação que de mim viesse a necessitar.

Alguém poderia perguntar: "Mas Você *realmente* acredita que ela poderia ouvi-lo?" Naturalmente que não! Porém a mera criação do quadro mental, dessa maneira, realizou alguma coisa em meu favor. Era uma criança em metafísica e nada sabia de técnicas. Neste mundo espiritual, sentia-me tão sòzinho como Robinson Crusoé, e esta foi a melhor maneira que pude imaginar para contrabalançar aquilo que em mim havia sido a causa da paralisação.

De uma coisa eu tinha *certeza*: a produção de alterações físicas definitivas pelo *quadro mental*. Já havia constatado isso no hospital. Estava começando a compreender que êste universo é construído *puramente pelo pensamento*. Nada sabia então a respeito das pesquisas a que astrofísicos notáveis, como Eddington[1] e Jeans[2] se haviam aventurado e o muito que fizeram para provar que o universo é um grande pensamento revestido por uma forma. Eu, porém, acreditava firmemente que cada nova célula poderia receber a impressão do meu pensamento recentemente orientado; usei as palavras, fôssem quais fôssem, que pudessem me ajudar a acreditar verdadeiramente nas palavras que ostensivamente dizia ao meu corpo.

As experiências no hospital haviam demonstrado que os pensamentos e as crenças podiam sem dúvida alguma afetar o corpo, às vêzes com sérias perturbações. Dentro dos meus conhecimentos, sabia que nunca ninguém havia sido curado

1. Sir Arthur Stanley Eddington, (1882-1944) — Matemático e astrônomo britânico. — (Nota do Editor).

2. Sir James Hopwood Jeans, (1877-1946) — Matemático, físico e astrônomo britânico. Foi presidente (1925-1927) da Royal Astronomic Society. — (Nota do Editor).

de uma moléstia tão grave como o *diabetes*. Quando, porém, a alternativa é a morte, uma pessoa desesperada tenta qualquer coisa.

Sabia que no universo nada continua sem alguma prévia ação de inteligência. A ação é precedida por uma atividade mental. O universo é o que Jeans definiu: "o pensamento de um Pensador Matemático, condensado dentro de uma forma rigorosa". O corpo humano pode muito razoàvelmente ser para o homem o que o universo é para o Infinito Pensador, a imagem externa do pensamento individual. Sendo, portanto, todos os pensamentos criadores, a natureza e a condição do que está sendo criado dependem da natureza e da condição do pensamento. Senti que me baseava em motivos sãos, sensatos e lógicos ao fazer a tentativa de colorir êste processo criador em direção a uma *função perfeita*.

Durante talvez umas oito ou dez semanas não houve nenhuma mudança aparente, porém persisti. Depois, uma semana, o exame de laboratório verificou uma leve queda do açúcar. Na semana seguinte caiu mais ainda. Infelizmente não fiz nenhum diário, portanto êstes períodos podem não estar muito corretos, mas a minha recordação em geral é de que o açúcar caiu durante diversas semanas. Depois, sem nenhuma razão aparente, elevou-se outra vez. Isto foi muito desanimador, porém continuei com os meus processos e o açúcar tornou a cair. Estas quedas e elevações intermitentes continuaram durante quase seis anos e neste prazo estava assenhoreando-me firmemente da situação.

O aspecto encorajador para mim era que o ponto máximo das elevações nunca foi tão alto como o anteriormente constatado. Finalmente, chegou o dia em que o exame de urina revelou que o açúcar havia caído a tal ponto que não mais se poderia considerar em porcentagem e o laboratório apenas assinalava: "Açúcar — traço". Êste traço porém persistiu provàvelmente por seis ou oito meses antes que o laboratório dissesse: "Açúcar — negativo". Êste foi talvez o dia mais feliz de minha vida; mesmo assim, continuei cauteloso por mais alguns meses, ainda me abstendo grandemente de carboidratos nas minhas refeições.

Gradualmente tive a convicção de que o meu problema havia terminado e durante êste tempo havia aprendido a colocar uma certa finalidade na minha crença, para que soubesse que nunca mais seria levado como escravo a esta situação.

Durante mais de trinta anos comi todos os doces e massas que desejei. Nunca em minha vida tomei uma gôta de insulina. Minhas energia e vitalidade são maiores do que as da maioria das pessoas da minha idade; tem sido o meu supremo prazer ensinar a milhares de outras pessoas êste princípio do poder criador, que me tirou da sombra da morte".

O fato não o emocionou? Êste mesmo poder criador reside em Você neste mesmo momento, pronto para atender ao seu chamado, para servi-lo assim como fêz o poder criador no consciente do Dr. Bailes. Tudo o que Você tem a fazer é começar a usá-lo, a chamá-lo, dirigindo-o, exercitando a sua vontade, a sua determinação, a sua persistência, a sua idealização e a sua fé.

Se assim acredita, assim é!

Leia e releia a descrição do Dr. Bailes sôbre a maneira pela qual conseguiu o seu intento; tenha em mente quando e como *Você* pode aplicar êstes métodos na sua vida!

Não seja, porém, tolo a respeito disto. Lembre-se da pequena, mas sempre verdadeira jóia da sabedoria, "Os bebês engatinham antes de poderem andar". Se Você estiver diabético... não se precipite mergulhando em águas profundas antes de saber nadar. Comece preparando a sua mente, libertando-a dos mêdos, das preocupações e de tôdas as espécies de distúrbios emocionais. Entre em contacto com o Dom Divino do poder criador — esta fôrça que cura. Experimente-a em pequenas coisas. Observe como o seu corpo reage, como a sua saúde melhora quando Você tem atitudes mentais mais felizes, alegres e confiantes.

Os estados mentais que Você teve e que contribuíram para esta situação física, precisam ser removidos. À medida que Você assim proceder, certamente melhorará a sua saúde de um modo geral. E então Você poderá conseguir o poder de empregar a cura na sua vida, como o Dr. Bailes demonstrou. Confira com o seu médico [1] o desenvolvimento e o progresso que Você fizer.

---

1. Êste ponto é importante. O auxílio e a orientação do médico não podem ser dispensados, sob pena de o paciente correr grave risco. — (N. do Ed.)

Atualmente todos os médicos admitem o grande auxílio que uma atitude mental correta produz em qualquer convalescença física. Sabem que a fé é uma fôrça potente, que quando os assassinos gêmeos – o mêdo e a preocupação – são derrotados, a maior das tarefas já foi realizada!

NUNCA perca a esperança. Se os médicos assinarem a sua sentença de morte, então Você precisa colocar-se em completa dependência da fé e do dom divino do poder interior que realiza curas. Diante destas circunstâncias, haveria a possibilidade de Você ativar as células do seu próprio corpo de tal modo, pelo modo correto de pensar, que a cura se realize. Isto aconteceu a milhares de pessoas, quando tôdas as esperanças já se haviam aparentemente esgotado; e o que elas foram capazes de realizar, Você também será!

Começamos a compreender o *potencial* dêste poder de cura que possuímos interiormente, não apenas para utilizá-lo em nós mas também para aplicá-lo em outras pessoas e mesmo para auxílio dos animais de estimação! Sim, tudo que possuir inteligência pode ser alcançado por nós, pelo *sentimento.* Você tem forte sentimento de amor por uma pessoa querida e um diferente, porém igualmente forte sentimento de amor por um cão, um cavalo, um gato ou qualquer outro animal. Tais sentimentos são geralmente mútuos. Você pode sentir o amor de um ente querido por Você... o amor de um cão, de um cavalo ou de um gato... seja qual fôr a forma de vida com a qual Você esteja em harmonia.

Um surpreendente caso de cura!

Como prova disto, vou agora apresentar um quase inacreditável, porém bem autenticado, relato de como Ann Davies, outra conhecida minha, que compreende e opera "aquela coisa", o poder criador interior, realizou uma instantânea cura na sua cadela, Tzaddi!

Eis a própria história de Ann, apoiada por certificados do veterinário e 5 testemunhas do fenômeno.

> "Há mais de dois anos, pela primeira vez observei um crescimento muito pequeno na bôca da minha cadelinha Tzaddi, mais ou menos do tamanho de um grão de ervilha.

Pensei que fôsse apenas uma verruga e, uma vez que ela aparentava tranqüilidade, não fiquei muito apreensiva, porém de tempo em tempo examinava-lhe a bôca. Há cêrca de um ano notei que o intumescimento se tornava cada vez maior.

Em junho de 1952, o crescimento começou a se desenvolver mais ràpidamente. Fiquei preocupada e levei Tzaddi a um veterinário para que fizesse o diagnóstico. Êle examinou a bôca de Tzaddi e disse-me que se tratava de um tumor e que os tumores bucais eram bastante sérios porque quase sempre se tornavam malignos, recomendando-me que não esperasse muito para submetê-la a operação cirúrgica.

Por circunstâncias além de meu contrôle, estive impossibilitada de retornar ao veterinário com Tzaddi até o dia 4 de setembro de 1952, quando o tumor se havia desenvolvido de maneira alarmante, e seu tamanho havia atingido a metade da junta final do meu polegar. Tzaddi sentia-se bastante incomodada e todos os meus amigos acompanharam êste caso.

O Dr. Short ficou aflito com o rápido crescimento apresentado e disse que precisaríamos operar imediatamente. Marcamos para sábado de manhã, setembro, dia 6, às 8 horas.

Na sexta-feira, dia 5 de setembro, deitei-me tarde. Na verdade, fui para cama às 2 horas da madrugada de sábado depois de ter dado a Tzaddi o seu biscoito de boa noite, que ela encontrava grande dificuldade em mastigar, e tornei a ver o tumor na sua bôca. Comecei a fazer as minhas orações para a cura de várias pessoas conhecidas, o que sempre faço antes de dormir, quando sùbitamente me ocorreu que havia sido muito tôla de não ter orado por Tzaddi; então fiz um trabalho mental a seu favor e adormeci.

O despertador acordou-me às 7 horas. Vesti-me ràpidamente, agarrei Tzaddi e cheguei ao consultório do veterinário alguns minutos antes das 8 horas. Sentei-me numa cadeira com Tzaddi; repentinamente lembrei-me do tratamento mental que havia feito e olhei dentro da bôca de Tzaddi. *Não havia mais nenhum tumor!* E eu o tinha visto havia apenas 6 horas! Olhei outra vez e examinei a bôca cuidadosamente, mas não podia nem ver onde o tumor se havia localizado! A área estava lisa e limpa; exatamente igual ao resto da mucosa do céu palatino.

O médico chegou e verificou a minha descoberta. Eu, radiante, levei Tzaddi para casa e sou muito grata ao Poder da Vida por poupar ao meu animalzinho uma operação, ou talvez coisa pior".

Esta é a história de Ann Davies. Tenho em meu poder atestados feitos sob juramento, em presença de autoridade oficial e devidamente assinados pelo veterinário, Dr. R. W. Short, confirmando tôda a narração que Ann fêz. Também tenho outra declaração do mesmo valor, assinada por cinco amigos, testemunhas dessa cura surpreendente, dois dos quais conheço pessoalmente: Felix V. Frazer e Dr. Paul Foster Case. Os outros três são: Rosalie Gordon, Thelma Herkelrath e Bonnie Davies.

NUNCA diga que alguma coisa é impossível diante dêsses fatos e outros em maior número, de muitas fontes que provam ser *ilimitado* em suas funções o poder mental de curar!

De algum modo que ainda não compreendemos, a formação do quadro mental feito por Ann Davies no qual a bôca de Tzaddi aparecia como era, antes do aparecimento do tumor, alcançou o poder criador interior da consciência do animal, ativando-a de modo que teve lugar uma cura instantânea!

Isto abre um nôvo campo à especulação! Como os cachorros não sabem falar, não possuem a mente cheia de palavras às quais se deram determinados significados, será possível que cães e outros animais, assim tratados, respondam mais rápida e positivamente do que os sêres humanos?

Lembre-se de que eu tenho repisado que nós não pensamos com palavras. Pensamos com imagens! A linguagem universal é o *sentimento*, porque êle pode ser transmitido sem palavras... o sentimento é extra-sensório.

Certamente *alguma coisa* aconteceu, alguma coisa definitiva, em resposta à *imagem* que Ann Davies fixara na sua própria mente. O que aconteceu uma vez pode acontecer outra vez, e mais uma, quando a mesma lei criadora é compreendida e aplicada tanto em sêres humanos como em animais.

Eu, realmente, acredito que o homem é relacionado com tôdas as formas de vida, separado apenas pela forma física que habita. Algum dia o homem desenvolverá a inteligência para comunicar-se, com conhecimento de causa, com as diferentes formas de vida, não através da lingüagem, mas através do sentimento!

Quem poderá saber? Talvez o poder do amor se uniu ao poder criativo e realizou a cura. A inteligência opera na matéria e sôbre a matéria, porém *não* é matéria. Esta deve ser a verdadeira explicação. A mente é o governador básico, e quando toma o comando, tudo aparentemente material precisa alterar a sua forma de conformidade com a direção dada pela mente! Os filamentos de ferro e ímã, novamente!

Neste capítulo existe uma mina de ouro de saúde! Mãos à obra e desenterre-a!

16

SUGESTÕES MENTAIS CORRETAS PODEM INFLUENCIAR PESSOAS

Durante tôda a sua vida Você já ouviu falar a respeito do poder da sugestão: de como é fácil tornar uma pessoa doente se constantemente a sugestionarmos dizendo-lhe que a sua aparência não é boa. Se um número suficiente de pessoas conspirarem para fazer isto, um indivíduo comum não o poderá suportar. Ficará verdadeiramente doente.

A recordação mental, persistente e monótona, é muitas das vêzes causa da confissão de um transgressor. Como jornalista, participei de diversas sessões nas quais se usavam severos métodos de perguntas intensivas. Vi diversos detetives e promotores encurralarem o homem isolado e crivá-lo de perguntas até que ficasse com o rosto banhado de suor, nervoso e descontrolado. É a repetição, a reiteração, o pam, pam, pam mórbido que, por meio do poder da sugestão, ocasiona a confissão.

Um bom vendedor usa sempre o poder da sugestão. Efetua-se a venda fazendo-se que o freguês pense como Você e, a menos que Você acredite nas boas qualidades da coisa que está vendendo, não poderá fazer que o seu companheiro também acredite.

Isto é apenas puro senso comum. Portanto aquêles de Vocês que talvez sejam vendedores, guardem em mente o que anteriormente já disse a respeito do conhecimento dos seus artigos e da venda de si próprios – isto é 99 por cento de sucesso; o outro 1 por cento é o trabalho de andar a pé a fim de entrar em contacto com o freguês.

Você deve compreender que para dobrar uma pessoa à sua vontade ou conseguir que ela execute o que Você deseja basta fazer que essa pessoa pense como Você, e isto é muito fácil. Pelo menos, sempre parece fácil quando se aprende a fazer.

Elmer Gowing, de Marion, Indiana, foi o maior vendedor de "tudo" que jamais encontrei em minha vida. Não fazia diferença, fôsse qual fôsse o produto, o projeto ou a idéia. Elmer poderia vendê-lo. Um clube, por exemplo, organizava uma festa beneficente que seria uma dor de cabeça para seus membros, porque não podiam persuadir ninguém a comprar bilhetes. "Chamem o Elmer!" gritaria alguém. E aquêle homem de meia idade, alto, magro, simples e bem humorado era convocado. Ouvia as qualidades do projeto e saía dizendo: "E isso é tudo? Por que não me dão alguma coisa difícil?" Elmer desaparecia e em algumas horas estava de volta com financiadores suficientes para encaminhar com êxito o projeto. Como o conseguia? Isto era segrêdo do velho Elmer.

Um dia a "Junior Chamber of Commerce" resolvera proporcionar um espetáculo local. Os bilhetes foram impressos com atraso e a publicidade a respeito do acontecimento não havia sido muito boa; em conseqüência disto, pouquíssimos bilhetes haviam sido vendidos até quase o fim da tarde da véspera do dia marcado para apresentação do espetáculo.

– Onde está Elmer? – perguntou o presidente da "Junior Chamber of Commerce". Parece que é a nossa única salvação, e duvido que até mesmo êle nos possa tirar dêste apuro!

O poder da sugestão

Elmer foi chamado e recebeu um pacote com quinhentos bilhetes a um dólar cada um.

– Você poderia vender todos êstes bilhetes até amanhã à noite? – perguntaram-lhe.

Elmer olhou para o pacote e, mirando o espaço, disse:

– Posso, se Vocês conseguirem do meu chefe uma permissão para não ir trabalhar.

A administração da companhia de seguros onde Elmer trabalhava consentiu. Às 16h30 do dia seguinte, Elmer entrou nos escritórios da "Junior Chamber of Commerce" com os bolsos repletos de notas e cheques.

— Pelo jeito parece que Vocês terão uma casa cheia hoje à noite! — disse Elmer rindo. — Foram-se todos e poderia ter vendido mais!

Isto foi demais para mim. Precisava apossar-me do segrêdo de Elmer e por isso fui visitá-lo.

— Que tal um almôço comigo amanhã na "Spencer House"? — disse-lhe eu. — Ofereço-lhe o melhor almôço da cidade se Você me revelar o segrêdo que possui para vender. Combinado?

— É tão simples... — disse Elmer. — Eu o estaria ludibriando se... mas gosto de comer.

No dia seguinte, logo que terminamos o almôço, olhei para Elmer, esperando a sua revelação.

— Muito bem, Elmer. Já fiz a minha parte, conforme nosso trato. *Fale*!

Em vez de responder, Elmer começou a brincar com a faca da mesa. Segurou-a e examinou-a.

— Não havia notado, — observou êle, — mas êste é um bom e raro artigo de prata para se usar num hotel. Posso estar errado, mas parece Gorham. Desenho distinto. Terá o hotel adquirido isso em leilão? Preciso perguntar ao gerente, Sr. Thornburg, na próxima vez que o encontrar. Note como é leve, — acrescentou, entregando-me a faca, — é prata verdadeira, também... isto é coisa fina...

Peguei a faca, um pouco aborrecido diante da derivação, pois estava ansioso para que Elmer prosseguisse com a "arma secreta" das suas vendas.

— Sabe que eu ficaria tentado a comprar um jôgo dêstes talheres, — continuou Elmer enquanto eu segurava a faca e a observava com atenção, — se pudesse adquiri-lo a um preço de pechincha? Que é que *Você* acha?

— *É* um tanto atraente — concordei. — Leve como Você diz... bom desenho... Eu também estou surprêso de o hotel possuir talheres de prata dêste porte.

— Você não gostaria de possuir um jôgo como êste? — perguntou Elmer. — Caso o preço seja adequado...?

— Bem, creio que gostaria — concordei novamente.

— Eu lhe venderei a faca — disse Elmer estendendo a mão. — Dê-me 25 cents por ela!

Instintivamente me surpreendi procurando os 25 cents nos meus bolsos! Elmer havia, com muito jeito, manobrado até esta sugestão; havia intrigado o meu interêsse a tal ponto que, quando me pediu o dinheiro, eu me senti quase impelido a comprar a faca de que êle não era dono!

— Isto é tudo! — disse Elmer rindo. — Faça que o freguês em perspectiva aceite o seu produto ou proposta, seja lá o que fôr; coloque-o nas suas mãos, desenvolva a sua apreciação pela coisa que deseja vender, faça que êle concorde com Você e se lembre do mais importante ponto sôbre vendas — "a posse é nove décimos da lei". Uma vez que a mente do indivíduo *aceita* o produto ou a idéia e o tem em sua posse, não quer destruir. É mais difícil para êle devolvê-lo a Você do que ir até o bôlso e pagá-lo!

Eu posso, com certeza, testificar a verdade desta afirmação a respeito de não desejar desistir do produto. Parece tolo, porém eu ainda me senti impelido a dar a Elmer os 25 cents e guardar a faca! Fiquei só com a vontade, pois sabia que a faca pertencia ao hotel. Isto, para mim, era o que se chama vender até o grau infinito!

Aquêles de Vocês que são vendedores ou que possuem o seu próprio negócio, podem aumentá-lo como resultado de um modo certo de pensar. Quando os outros lhe disserem que o negócio é mau, que as coisas estão difíceis, que vai tudo por água abaixo, e lhe transmitirem outros pensamentos negativos desta natureza — se Você aceitar êstes pensamentos e fizer dêles os seus, então é que os negócios irão por água abaixo. Quanto a isto, não tenha dúvida alguma. Se Você conversar com outros, com o seu queixo encostado no peito, arrastando os pés e a testa de um enlutado profissional, Você os aniquilará; quanto mais Você circular e falar (pam, pam, batendo sempre na mesma história pessimista) e especialmente se Você pensa e fala com ar de convicção, mais prejuízo causará a si próprio e àqueles que o cercam.

Você está estabelecendo pensamentos, na realidade pensamentos de mêdo, vibrações de longo alcance. Os pensamentos de mêdo são terrìvelmente contagiosos e espalham-se como o fogo. De maneira oposta, à medida que Você dirige os seus pensamentos (idealizando) para que os negócios, as vendas, os lucros aumentem, não tendo desconfianças próprias (conservando a mente fechada, não dando ouvidos às batidas dos pensamentos deprimentes de outras pessoas), colocando entusiasmo, energia e ação no seu programa — os seus negócios e vendas progredirão automàticamente!

Você precisa ter a chama do entusiasmo!

É preciso que Você tenha sempre em mente que a intensa chama interior de entusiasmo se torne conflagração que afeta, enquanto Você a irradia, tudo que esteja no comprimento da sua onda. As vibrações que Você estabelece com os poderosos raios de entusiasmo inspiram e levantam o ânimo de outras pessoas, constroem e atraem negócios... da mesma maneira como as vibrações do mêdo aniquilam outras pessoas, repelem e destroem.

É indiscutível, a despeito dos tempos, que sempre em algum lugar existem negócios para o homem que *acredita* na sua existência e os procuram; não existe, porém, nenhum para a pessoa que é positiva no dizer que nada existe e que não faz esfôrço algum para mover-se.

A sugestão é uma das fôrças mais poderosas do mundo. Tem poder igual em duas direções — positiva e negativa — dependente da orientação que lhe dermos.

Como um alevantador, Você pode usar a sugestão em si mesmo com excelentes vantagens. Agora que conhece a potência do pensamento, quando Você se surpreender em atitudes mentais negativas a respeito de qualquer coisa que esteja fazendo ou a respeito de alguma coisa futura, *pare tudo*! Reconheça de uma vez o prejuízo que está causando a si próprio permitindo que tais pensamentos residam na sua consciência. Substitua êstes quadros mentais errôneos por fortes sugestões visuais de natureza correta. *Veja-se a si mesmo* vencendo sejam quais forem as dificuldades que estiver enfrentando, realizando trabalho melhor e colhendo melhores resultados no dia de amanhã. Lembre-se: o poder criador interior sòmente pode trabalhar naquilo que Você fornece! Um construtor tira o seu trabalho da planta. Se nela existirem enganos que êle desconheça, êsses mesmos enganos aparecerão no término de construção. Sòmente descobrindo o seu modo de pensar errôneo, as sugestões erradas que cada dia fornece a si próprio, é que atrairá para Você aquilo que está idealizando. Passe estas sugestões para os seus amigos ou associados e, se as aceitarem, ajudarão Você a produzir aquelas mesmas situações que Você idealizou.

Que fazemos com a mente de uma criança?

As criancinhas são mais *vítimas* dos pais e das pessoas mais velhas, que constantemente lhes dão sugestões errôneas, do que culpadas.

— Não saia na rua vestido dêste jeito! Você pegará um resfriado mortal!

— Cuidado, Você poderá ser atropelado!

— Não pegue nisto, Você quebra!

— Eu sabia que Você faria isto! Por que não olha o que faz?

— Não fique na rua até tarde, alguma coisa lhe poderá acontecer!

— Não chegue muito perto da água, Você pode se afogar!

— Você não pode fazer isso, é melhor que eu faça para Você!

— Se Você não parar com isso eu chamarei um guarda e Você será prêso!

— Esta não é pergunta que se faça, você não tem idade suficiente para saber a resposta!

— Então, Você tornou a fazer isso outra vez! Bem, isto era exatamente o que eu esperava!

— Vá-se embora, Você é uma amolação! Não sei porque Você nasceu!

— Oh! seu moleque! Estou tão furioso que poderia matá-lo!

Você já ouviu estas sugestões deliciosas, e muitas e muitas outras... e a única surprêsa é que estas crianças, sujeitas a tal modo de pensar, de fortes emoções, se tornem bem comportadas.

A maior das sugestões de todos os tempos, segundo refere *Gazette,* de Little Rock, Arkansas, foi feita por uma exasperada mãe que num ônibus tentava amamentar o seu bebê à maneira antiga da natureza. O bebê, por alguma razão, não estava com vontade de alimentar-se e finalmente a mãe exclamou:

— Se Você não mamar, eu dou para o chofer!

Não há dúvida de que muitos pais, pelas diabruras de seus rebentos, vão além da distração e sentem-se impulsionados a usar qualquer método — com exceção do assassínio — para fazer que as crianças lhes obedeçam; porém é imprudente recorrer a sugestões destrutivas de mêdo como medidas corretivas. Quando uma criança é reprimida desta maneira, especialmente quando se encontra em estado emocional, êstes errôneos quadros mentais de reveses e de má conduta, assim como a própria ênfase que Você dá quando se refere aos seus defeitos tomam conta da consciência da criança, fazendo-a desenvolver grande suscetibilidade a respeito daquelas mesmas coisas que Você deseja que ela evite ou elimine.

As crianças do tipo não-bonito, acanhado ou retardado, já iniciam a vida com obstáculos naturais, e se os pais ou pessoas mais velhas lhes lembram constantemente (repetição e reiteração!) o quanto são feias, acanhadas ou retardadas, elas tendem a sê-lo ainda mais. Estas são as crianças que por excelência necessitam das mais refinadas sugestões de natureza positiva. Alguns professôres reconhecem agora esta necessidade e dizem em particular, quando têm oportunidade, às crianças sem atrativos e retardadas: "Sua aparência está melhorando dia a dia!" "Você vai indo muito melhor!" Estas crianças são como pequenas plantas que sentem falta de alimentação e dentro de curto prazo reagem de maneira clara e notável. Experimente êste método, reforce-o com expressão de amor e observe os milagres acontecerem.

Experiências de hipnotismo demonstraram, de muitas maneiras, o poder da sugestão. Uma vez removida a resistência da mente consciente e a mente subconsciente ser diretamente alcançada, reagirá instantâneamente, sejam quais forem as sugestões oferecidas, caso o que foi sugerido esteja dentro dos padrões morais do indivíduo. Quando se fazem sugestões que repugnam ao caráter básico da pessoa, ela se recusa a reagir ou então desperta do estado hipnótico. Antes que o indivíduo queira executar qualquer ato contra o seu padrão fixo de conduta, seria necessária uma série de sugestões planejadas para alterar o atual conceito moral. Isto indica claramente que Você não altera os seus atos enquanto não mude a sua mente, que aquilo que Você se tornou através de experiências e pensamentos passados, Você permanecerá até que alguma coisa ocasione uma modificação no seu próprio modo de pensar.

Você pode ser influenciado enquanto dorme!

Os psicologistas acham que muitas pessoas jovens e velhas podem ser auxiliadas a vencer diferentes falhas, hábitos pessoais, inibições e complexos de inferioridade, se fizerem sugestões ao seu lado, na casa, enquanto dormem. A mente subconsciente nunca adormece. Está sempre alerta com relação ao que se passa no seu interior e à volta de Você. Muitas vêzes, porém, quando Você está mental e emocionalmente perturbado e deseja controlar a sua mente e os seus sentimentos, Você constata que é quase impossível realizar o que deseja, durante as horas em que se encontra desperto. Se um ente querido, com o qual Você está ligado por laços de simpatia e compreensão, pudesse de maneira suave, porém positiva, sugerir, depois que Você adormecesse, que Você venceria as suas dificuldades, êstes pensamentos poderiam encontrar guarida na sua consciência e o ajudariam a desenvolver atitude mais positiva.

A vida é realmente tôda feita de sugestão. Você está constantemente aceitando ou rejeitando cada experiência que chega até Você. Caso ela seja aceita, a sua mente agirá sôbre ela, para bem ou para mal, dependendo da natureza e do caráter da experiência.

O que Você faz, o que Você diz, a maneira como expressa a sua personalidade na presença de outras pessoas, tudo isso tem efeito sugestivo sôbre elas, as quais por sua vez também estão produzindo efeito sugestivo sôbre Você. A personalidade mais positiva sempre domina a menos positiva ou surge como líder do grupo. As pessoas negativas são atraídas pelas positivas, porque as negativas instintivamente procuram outras mais fortes; sentem-se mais seguras na sua presença e, caso estejam sinceramente desejosas de cultivar qualidades mais positivas em si próprias, sabem que a melhor maneira de consegui-lo é através da imitação daqueles que possuem poder *positivo*.

Não vá agora correr e acentuar a sua "positividade", apenas com o intuito de ser positivo! Não quis dizer que Você deva começar a atirar à sua volta o seu poder positivo. A pessoa bem equilibrada, tanto mental como emocionalmente, possui tôdas as evidências exteriores dêste balanço, em equilíbrio, autoconfiança, encanto, facilidade de expressão e interêsse amigável que demonstra pelos outros. A manifestação dêste poder positivo é silenciosa. É como o macio, porém poderoso entrosar de dentes de um câmbio hidramático. Você é alertado de maneira quase imperceptível de que êle está operando, porém o seu poder lá está... e êste poder pode ser modificado instantâneamente e sem esfôrço de alta para baixa rotação. Aquêle que tenta dominar pela fôrça está fazendo mau uso do poder e revela certos defeitos de personalidade. Tais pessoas estão na realidade ocultando sentimentos de insuficiência e inferioridade e tentam, através de um espetáculo superficial de poder, forçar a atenção alheia. Podem obter sucesso por algum tempo, porém não conseguirão retê-lo.

Veja-se como Você desejaria ser!

Olhe-se no espelho. Meça-se. É Você o homem ou a mulher que deseja ser? Caso não seja, ofereça a si próprio as sugestões que podem ajudá-lo no que deseja. Forme um quadro mental de como Você desejaria aparecer aos outros, de como desejaria expressar a sua personalidade. *Superponha* êste quadro mental à sua própria e atual imagem, diante de Você! Veja as modificações que precisa fazer na sua própria pessoa, como se elas já tivessem ocorrido! *Repita* esta idealização dia após dia, noite após noite. Trabalhe nisto! Lembre-se do poder da repetição, reiteração... pam, pam, pam!

Se outros o criticarem ou não acreditarem que Você seja capaz de executar o que deseja... não aceite as suas sugestões. Analise-se a si próprio para determinar se as críticas são ou não justificáveis; caso sejam, remova qualquer ressentimento que talvez tenha tido, pelas críticas, agradeça por lhe terem chamado a atenção para êsses defeitos e ocupe-se em eliminá-los; assim êles não mais impedirão a ascensão do seu progresso. Mantenha, porém, a crença em si mesmo! Se a perder, perderá tudo. Tôda espécie de sucesso, grande ou pequeno, tem início na fé que Você deposita em si próprio e no poder criador interior. É preciso que Você tenha esta fé e a retenha, para que possa ir do ponto em que está para onde deseja ir!

Diga a si mesmo:

Vou progredir cada dia e conseqüentemente removerei tôdas as falhas que em mim descobrir. Cada dia conseguirei maior contrôle da minha mente e das minhas emoções. Cada día vencerei mais os meus mêdos, as minhas preocupações e outros pensamentos destrutivos. Cultivarei cada dia melhor saúde, maior felicidade e prosperidade. Cada dia descobrirei melhores oportunidades em servir os outros e em fazer coisas de valor. Cada dia...!

Comece desde já. Crie os seus próprios amanhãs por suas próprias *sugestões positivas*, à medida que forem sendo aplicadas a sua própria pessoa e a suas necessidades.

17

PERIGO DA APLICAÇÃO ERRÔNEA DO TNT

Os grandes explosivos precisam ser sempre tratados com cautela. A sua "cápsula detonante" encontra-se pronta, Você está se preparando para libertar êste poder interior, portanto chegou a hora de preveni-lo do que *não* se deve fazer com relação a esta poderosa carga de TNT que Você está carregando onde quer que vá, sob o próprio chapéu.

Se você fizer uso dêste poder errôneamente, êle explodirá e o seu chapéu irá para as alturas juntamente com Você e tudo que lhe fôr caro. Como Você foi criado como ser de livre vontade e de livre arbítrio, poderá escolher usar êste poder para o mal... porém Você agirá assim sob o seu próprio e grande risco. Milhões de sêres humanos têm-se destruído a si próprios ao agir assim, e outros milhões ainda assim agirão até que compreendam inteiramente e ganhem contrôle dêsse poder em suas vidas. Êste é o crime dos tempos: ter o homem levado tantos séculos para começar a ganhar compreensão da sua própria pessoa e do dom do Poder Divino, o qual, devidamente usado, poderia há muito ter proporcionado ao homem paz e felicidade duradouras, bem como prosperidade e saúde e tudo de bom que o homem sempre desejou!

Hoje, o pensamento errôneo, os ódios armazenados, os ressentimentos, a avidez, os mêdos, os preconceitos e outros sentimentos destrutivos em tôdas as raças humanas estão liderando, inexoràvelmente — salvo se forem libertados por algum milagre de uma nova compreensão individual e coletiva — para o Cataclismo de Todos os Tempos!

Você sòmente poderá controlar êste poder durante algum tempo; depois êle *precisará* manifestar-se de alguma forma, boa ou má, neste mundo exterior! Olhe à sua volta. Veja o mal-estar largamente espalhado, o sofrimento e a privação humana de muitos países, as pressões econômicas, os ódios e os preconceitos violentos, os acúmulos de más intenções, as guerras e rumores de guerra, tudo obra humana, através de um modo de pensar errôneo!

Que se pode fazer a respeito? Como paralisar êste mau uso altamente perigoso do TNT, a fim de evitar destruição inexprimível do homem e de tudo que lhe é caro?

Alguma providência precisa ser tomada! E Você deve ser aquêle que deverá tomá-la! A ação não pode mais esperar pelos outros. É preciso começar por *Você*. Tôda mente que faz uso adequado dêsse poder está adicionando alguma coisa positiva e construtiva ao pensamento universal. Você pode ter grande influência entre seus amigos, seus entes queridos e a própria comunidade. Seja realista no seu ataque, sem ser negativo.

Haja o que houver, Você poderá ganhar alto grau de auto-orientação e proteção pelo uso correto da própria mente agora e aqui mesmo. Na verdade, dever-se-ia bradar aos quatro cantos da Terra o poder da mente para libertar ou destruir o homem. Dever-se-ia encetar o mais tremendo programa educacional de tôda a história do mundo para revelar ao homem o que êle está fazendo a si próprio!

A História está repleta de homens que começaram a usar êste poder e ràpidamente se tornaram manchete. Depois sucumbiram à tentação de usar o poder com finalidades egoísticas para levar vantagens e ganhar domínio sôbre os outros. Embora hajam obtido êxito por algum tempo — alguns de forma muito ampla — todos tiveram fim trágico. Preciso apenas mencionar novamente homens como Nero, Júlio César, Mussolini, Hitler, Stalin, Lenine... Pense em tôda a miséria que êsses homens trouxeram para a humanidade, o poder que uma vez possuíram e como o mal que criaram através do uso errôneo dêsse poder tem perdurado, em algumas ocasiões, até mesmo através de gerações!

Observe o seu próprio uso dêste poder! Não permita que o seu ego se expanda à medida que êste poder principia a elevá-lo!

Escute a voz da consciência! Antes de dar qualquer passo, pergunte a si mesmo: "Estou fazendo uso correto dêste poder? Estou empregando-o de maneira prejudicial a alguém ou a mim mesmo? Estou tentando progredir de maneira apressada demais, antes de encontrar-me preparado para as responsabilidades, oportunidades e experiências que estou atraindo?"

Faça progresso vagaroso, porém seguro!

Sim, é possível obter sucesso — temporário — muito ràpidamente. Êste poder interior não possui a capacidade de analisar ou determinar a sua aptidão para agir de maneira correta quando conseguir aquilo que Você deseja. Todo o poder que possui é dirigido de conformidade com as instruções que Você lhe dá, através da espécie do quadro mental oferecido. Você precisa ser juiz para determinar se está ou não à altura das exigências que faz ao poder interior, pois caso contrário êle produzirá resultados que Você não poderá suportar!

Você se conhece melhor do que qualquer outra pessoa. Sabe o que pode e o que não pode realizar, dentro de certas limitações. Sabe, por exemplo, se acaba de terminar o colégio, que ainda precisa equilibrar a sua educação através da prática, que não pode iniciar a vida como administrador de um negócio ou de uma indústria. Sabe que não pode ter êxito firmando-se apenas no seu diploma. Espero que tenha conhecimento de tudo isto! Eu, porém, tenho conversado com centenas de graduados de colégios que fracassaram em negócios, que não tiveram sucesso na vida, que andaram pelo mundo com o sentimento de que êste agora lhes devia uma existência... que a educação que possuíam os qualificava para tudo que almejassem. Operavam êste poder com o auxílio de uma personalidade agradável, a fim de conseguir posições de responsabilidade; foram, por algum tempo, muito bem até que a falta de experiência começou a alcançá-los. Começaram a sentir a pressão, tornaram-se menos autoconfiantes, observaram outras pessoas que com menos educação, porém com maior experiência, passaram para a frente. Como não pudessem suportar isso, tornaram-se ciumentos, ressentidos e finalmente apreensivos. Que estava errado? Possuíam tudo e, não obstante, isto não parecia ter tanto valor no mundo da realidade, na batalha pela vida! Talvez a educação em si tenha parte na culpa... Talvez a juventude tenha sido ensinada a esperar de mais logo de saída.

Conheça-se a si próprio. Saiba o que deseja – seja honesto – saiba o que sente estar dentro das suas possibilidades. Imagine-se trabalhando para ganhar o direito de possuir o que Você está desejoso de alcançar. Não deseje mais do que aquilo que Você é capaz de fazer em uma vez. Você crescerá naturalmente dentro de melhores e maiores oportunidades e o poder interior o suprirá de tudo aquilo de que Você necessitar em adição aos seus próprios esforços para chegar aonde pretende, galgando cada degrau da escada do sucesso e da felicidade.

Nunca use êste poder com propósitos egoísticos!

Muitas pessoas, quando, pela primeira vez, chegam a ter certo conhecimento dêste poder, tentam usá-lo com finalidades egoísticas. O poder reagirá de acôrdo com o seu comando, sejam quais forem os quadros mentais que lhe forem oferecidos, sejam as suas intenções boas ou más. Você pode imaginar-se aproveitando-se de alguém e, se trabalhar com esta finalidade e a pessoa fôr confiante demais e não estiver alertada com relação a suas tramas, talvez esteja capacitado a conseguir o que tem em mente. Ao fazê-lo, porém Você criou na sua própria consciência uma *suscetibilidade* – uma vibração – que poderá atrair a Você àquele mesmo acontecimento!

Através de tal manipulação errônea da mente, Você pode, portanto, cair na sua própria ratoeira. O que planeja fazer aos outros é na verdade o que está urdindo contra Você mesmo, sem compreendê-lo, porque "o que é de sua propriedade sempre volta a Você".

Está Você desejoso de conquistar o que almeja na vida, pelos seus próprios esforços? O que se adquire sem esfôrço, sem merecer, geralmente se perde do mesmo modo: ràpidamente. Isto porque a fôrça magnética que consumou a atração não possui a persistência devida; pouco ou nenhum poder se constrói à volta de qualquer coisa que veio a Você de maneira imerecida (através de uma operação errônea da mente) e, conseqüentemente, um outro alguém, com uso incorreto do mesmo poder, pode arrancá-la de Você.

O semelhante, lembre-se, sempre atrai o semelhante. *Se não deseja que alguém lhe faça alguma coisa, não faça Você, em primeiro lugar, algo contra êsse alguém.* Esta é uma paráfrase de antiga admoestação, porém uma palavra aos incautos deve ser o princípio da sabedoria! Conseqüentemente, Você não poderá escapar às conseqüências da mente. A lei da compensação tomará conta disso.

Até agora sòmente uma pequena porcentagem de sêres humanos tem usado êste TNT acertadamente. Tôdas as vêzes, porém, que assim agiram, êle proporcionou grande felicidade pessoal, realizações, saúde, prosperidade e até mesmo fama! Compreenderam que os degraus da felicidade, da saúde, da prosperidade e da fama estão em proporção com o grau de uso que fazem dêste poder. Tem sido sempre assim! Abra sòmente a metade de uma torneira e Você terá apenas a metade do fluxo da água. Permita que apenas parte do poder percorra Você, e diminuirão os bens que lhe poderão ser trazidos.

Os líderes que acendem a mecha do TNT, inflamando o ódio, os ressentimentos e a suspeita de grandes massas de pessoas, podem causar prejuízos incontáveis. Observe os Gêngis Khan, os Napoleão, os Kaiser Wilhelm e os Hitler da História! Existem sempre milhões prontos para serem conduzidos por aquêles que estão desejosos e prontos para liderar... e liderar em direção acertada! A humanidade, como Você sabe, possui trágica memória de crucificação de seus Salvadores.

Encontra-se próxima a hora para o uso adequado do poder da mente

O tempo está próximo para que o homem reconheça e aceite, a despeito de sua religião ou de suas crenças filosóficas, de raça ou de côr, o poder espiritual interior que nêle existe, "aquela coisa" que cada homem possui e que, devidamente orientada, pode proporcionar a *todos os homens* a paz, a felicidade, a fartura e a fraternidade universal há tanto procuradas pelo homem.

Está *aqui* – bem dentro de Você – parte de Você – no seu bôlso; como há anos, estêve em meu bôlso, quando não entendia e não havia despertado para o que possuía, para o que havia sido sempre meu... para o que tem sempre estado no mundo, à disposição de todos os homens, em tôdas as épocas; o tesouro dos tesouros, o Cálice Sagrado, a sabedoria, a inteligência, a solução de todos os problemas; porém a praga de tôdas as pragas, a mais diabólica de tôdas as fôrças, se explodida inadequadamente mediante modo errôneo de pensar.

Cabe a Você o bom ou mau uso dêste poder. Agora que Você o possui e sabe operá-lo, que pretende fazer com êle?

A maneira pela qual Você decidiu usá-lo, a qualquer momento, mudará o seu mundo... e talvez o mundo todo.

Perigo: altamente explosivo! Proceda com sabedoria e cautela.

"Se assim Você acredita – assim é!" Mas *em que* acredita Você?

Aquilo em que Você acredita e aquilo em que as pessoas dêste mundo acreditam – construirá o mundo de amanhã. E o TNT destas crenças sacudirá a Terra!

18

PERGUNTAS E RESPOSTAS RELATIVAS AO USO "DAQUELA COISA"

Existem dois alvos na vida; primeiro, conseguir; e, depois, gozar o que se desejou. Sòmente os mais sábios é que atingem o segundo.

LOGAN PEARSALL SMITH

Durante anos me foram formuladas muitas perguntas por pessoas que, tendo descoberto "aquela coisa" interior, o poder criador da mente, se têm dedicado ao seu estudo e o têm usado em suas vidas diárias. Como algumas destas perguntas talvez sejam as mesmas que Você faria, selecionei as mais representativas para responder neste capítulo, com a esperança de que as minhas respostas o auxiliem nos seus próximos desenvolvimentos e realizações.

Como poderei conservar a minha mente livre de pensamentos que me aborrecem, que me amedrontam e que me preocupam, os quais, aparentemente, chegam até a mim do mundo exterior?

As reações emocionais errôneas às diferentes experiências que Você tenha tido implantaram na sua mente mêdos de que experiências semelhantes talvez cheguem até Você. Subconscientemente, por causa dêstes mêdos, tudo que aconteça a Você, relacionado a essas antigas e infelizes experiências, provoca êstes "pensamentos de aborrecimentos, fraqueza, mêdo e preocupação", tais como Você os descreve. A maneira de eliminá-los é libertar a mente da retenção emocional das preocupações e dos mêdos passados; e à medida que Você assim procede, reduz-se proporcionalmente o poder dêstes pensamentos errôneos para atrair pensamentos e reações similares. Por outras palavras, quanto mais Você desenvolver a atitude *positiva* da mente, menos será influenciado ou perturbado pelos pensamentos negativos.

Como podemos ter fé e ignorar que um inimigo talvez esteja querendo prejudicar-nos sub-reptìciamente, pronto para atacar, ou que o caminho que estamos trilhando no escuro possa terminar num precipício, ou que a água que estamos para beber talvez contenha germes perniciosos? Poucos são aquêles que desenvolveram o poder da premonição de maneira que, nas emergências e nos fatos diários da vida, nêle possam confiar.

É muito perigoso, e muitas vêzes pior, ter fé cega do que fé nenhuma. A fé verdadeira possui a "qualidade da percepção íntima". Baseia-se num conhecimento inteligente de fatôres sôbre os quais ela repousa. Você não está usando a inteligência quando procede sem cautela, numa área onde pode deparar um inimigo, chegar à beira de um precipício ou possìvelmente cair em águas infestadas. A fé nunca foi definida como substituta de ação da inteligência. Foi e é destinada a aumentar a sua própria inteligência — para ativar os podêres criadores interiores, para atrair o que Você deseja e precisa, associada aos seus próprios esforços neste sentido.

Se Você, com fé, formar um quadro mental de que pode com segurança evitar ou proporcionar um encontro com um inimigo, ou ser guiado ao longo de uma estrada, no escuro, sem que lhe aconteça desgraça alguma, ou ser avisado de antemão contra alguma coisa prejudicial, tal como beber água contaminada — o poder criador interior lhe seguirá as ordens e lhe dará os indícios, os impulsos, as instigações e as "premonições" que servem para protegê-lo.

Você diz que em caso de grande perigo o subconsciente nos faz escolher o movimento certo. Mesmo assim, todo mundo, até eu, tem conhecimento de pessoas que, apanhadas por um incên-

dio, abandonam os seus pertences mais preciosos e carregam consigo peças de móveis sem valor — ou então procuram sair por um caminho errado enquanto o certo se encontra livre. Como se explica isto?

O seu subconsciente *não* "escolherá o movimento certo" para Você em caso de emergência, a menos que esteja preparado para agir assim através de um "*modo de pensar correto*"! Se Você tem tido sempre mêdo de fogo, será paralisado por êste mêdo quando por êle fôr apanhado, incapaz de receber qualquer direção acertada do seu subconsciente. Lembre-se: o que sai da sua mente é apenas aquilo que anteriormente entrou... porque Você criou o seu mundo através de uma reação passada a esta mesma coisa. No desejo de salvar alguma coisa Você, como nunca imaginou as coisas que valeria a pena salvar de um incêndio, històricamente agarra qualquer coisa. Como também nunca fêz um quadro mental das saídas de que se utilizaria em caso de incêndio, Você possui apenas um pensamento frenético — escapar — e não a *maneira* como escapar! Comece agora a preparar a mente para qualquer emergência. Eu viajo muito, parando em todos os tipos de motéis e hotéis. Não temo o fogo, porém, como medida inteligente de precaução, a primeira coisa que faço após a minha chegada é localizar em meu quarto a saída mais próxima, a posição da saída de emergência e das escadas de incêndio. Chego até mesmo a verificar as portas de emergência contra incêndio para observar se por acaso estão trancadas, as janelas que conduzem às saídas de emergência a fim de saber se estão emperradas (muitas vêzes verifiquei que não seria possível uma fuga, pois as portas se encontravam trancadas e as janelas não abriam). Formo um quadro mental da disposição do quarto e imagino que movimento, se para a esquerda ou a direita, ao deixá-lo, me conduziria à saída mais próxima, para que, se necessário, possa encontrá-la até no escuro. Êste exame e observação me toma de cinco a dez minutos, e em seguida apago-os da minha mente consciente, sabendo que, se acontecesse um incêndio, eu, instantâneamente, seria alertado dos movimentos certos que deveria fazer. Decido, até, quais as coisas que levaria comigo quando a minha mente tivesse necessidade de estar livre para ir ao encontro da situação existente. O seu subconsciente, "aquela coisa" interior, nunca falhará se Você a instruir de maneira adequada e libertar a sua consciência do mêdo.

O Sr. diz que o subconsciente é todo inteligência e pràticamente infalível, se eu o compreendo corretamente. Então "como se explica" que o subconsciente possa ser influenciado por pensamentos errôneos, injustificáveis ou perniciosos, ou por acontecimentos do mundo exterior?

Sugestão! O seu subconsciente reage instantâneamente a tudo que lhe acontece no mundo exterior, caso seja do aceite da sua mente consciente. Nunca se esqueça de que, seja o que fôr que Você leve para o seu interior, os quadros mentais de suas experiências são estocados no subconsciente. Esta é a razão por que o tenho avisado repetidamente para estar alerta quanto ao uso errôneo do seu TNT. Aprenda a controlar uma reação errada às coisas que lhe acontecem. Não continue a passar para o seu subconsciente os pensamentos de mêdo e preocupação acêrca das condições e circunstâncias que estão à sua volta. Se agir assim, estará simplesmente ordenando ao poder interior que continue atraindo a Você estas espécies de coisas, porque isto é tudo que mentalmente Você está formando. Estará, repetidas vêzes, criando um padrão do que já aconteceu. O seu subconsciente é infalível em seguir as instruções, sejam elas quais forem, que Você dá à mente consciente. Êle possui um conhecimento inteligente, porém não tem o poder de raciocinar. Êste é possuído sòmente pela mente consciente. Não dependa, portanto, do seu subconsciente para a execução do seu modo de pensar. O subconsciente poderá *discernir* para Você, se assim fôr conduzido, trazendo-lhe o conhecimento de coisas que precisa saber, ou colocá-lo em contacto com as fontes de tais conhecimentos... porém é subserviente, tôdas as vêzes, para com os seus desejos, suas decisões e seu livre arbítrio.

O Sr. diz: "Pense que o seu semelhante é um bom rapaz, um homem decente e êle se tornará amigável". Suponha, porém, que o Sr. o conhece, definitivamente, como patife e desclassificado. Ainda aconselharia que em tal caso devêssemos enganar-nos a nós mesmos?

Claro que não aconselharia um auto-engano. Se Você sabe que uma pessoa "não presta", como diz, não é merecedora de confiança, deverá naturalmente ficar em guarda, se tiver relação ou contacto com ela. Muitas vêzes, porém, os indivíduos que cometem erros de natureza social, pessoal ou criminal, têm sido de tal modo condenados por uma sociedade hipócrita, que não lhes é possível qualquer reparação dêsses erros. Dêles esperamos a maldade, e é o que recebemos. Defensiva e audaciosamente, estas pessoas nos mostram os seus lados piores porque nós, pelas nossas próprias atitudes, ocasionamos o aparecimento dêste lado pior. Nunca faz mal dar a qualquer indivíduo o "benefício da dúvida", apelar para o seu "lado melhor", dar-lhe crédito pela parte boa que nêle Você vê. Uma vez que o semelhante atrai o semelhante, se uma pessoa sente que Você é sincero, se demonstra que ela é merecedora de sua fé, é mais do que provável que tentará justificar esta fé, proporcionando-lhe em troca algo de bom. Imagine-se, mentalmente, protegido contra pensamentos e atos errôneos de outros. Não se deixe amedrontar pensando que outras pessoas se aproveitarão de Você, pois êste mesmo mêdo o tornará suscetível. Muitas vêzes, as pessoas me têm dito: "Não compreendo o que Você vê em fulano de tal" ou então: "Como pode Você dar-se bem com o Sr. fulano?" É simplesmente porque eu procuro o bem, enquanto estas outras pessoas constroem barreiras, que provocam ressentimento. Conseqüentemente, elas despertam reações errôneas em indivíduos que poderiam tratá-las de maneira diferente se êles próprios fôssem tratados diferentemente. Até mesmo um cão pode instintivamente sentir como Você verdadeiramente o aprecia, não importando o quanto Você finja de outra maneira. Não trataria Você sêres humanos melhor do que os cães? Se negamos aos outros a oportunidade de um retrocesso, que esperança existe para nós?

Creio que o Sr. disse em alguma parte que uma pessoa com idéia viável e inteiramente convencida de seu valor, raras vêzes encontra dificuldade em arranjar financiamento. Como é que muitos inventores, profundamente convencidos do valor das suas invenções, têm morrido num asilo?

Tenho censurado e denunciado a má vontade de muitos cientistas e outras pessoas inteligentes em aceitar ou mesmo considerar novas idéias. Com referência à telepatia, tenho afirmado que pràticamente todos os grandes cientistas em eletricidade — incluindo Edison, Steinmetz, Tesla e Marconi — eram vivamente interessados em telepatia. Também o era o Dr. Alexis Carrel, que nela acreditava, declarando que deveria ser feito um estudo por cientistas, tal como se faz com relação aos fenômenos psicológicos. A despeito, porém, dêsse interêsse, das investigações de cientistas como o Dr. J. B. Rhine, da *Duke University*, da *The Society for Psychical Research*, de Londres, da *American Society* e outras, as quais provaram uma grande quantidade de fenômenos, ainda existem cientistas que desprezam êste trabalho. Não desejam levar em consideração qualquer outra idéia que possa perturbar as suas teorias já estabelecidas. São estas atitudes de "mente fechada" que a maioria dos inventores encontra. Geralmente um inventor é um indivíduo quieto, introspectivo, que não teve experiência para encarar o mundo. Êle pode idealizar o que deseja inventar, com fé e confiança de que o poder criador interior o auxiliará neste feito, porém não pode idealizar com igual fé e confiança, ganhar o reconhecimento e os recursos para a sua invenção. Isto para êle é um mundo diferente. Êle a submete a algumas apreciações e, se é mal recebido, torna-se, geralmente, desencorajado, até mesmo desanimado e acolhe a idéia de fracasso.

Sob estas condições, o inventor faz funcionar o poder criador contra si mesmo. Não é porque Você é um "visualizador bem sucedido", numa fase de atividade de sua vida, que poderá ser igualmente bem sucedido em outras. A mesma maneira certa de pensar precisa ser aplicada a todos e quaisquer dos seus desejos e necessidades. Algumas pessoas, às quais chamamos de "consciência de cifrões" — vêem a si próprias fazendo dinheiro, convertendo tudo que tocam em dinheiro — e o poder interior as auxilia a fazer e a atrair o dinheiro. Essas pessoas, porém, são do mesmo modo mal sucedidas nos outros lados da vida, como é demonstrado pela má saúde, pela incapacidade de dar-se bem com os outros, falta de alegria e felicidade pessoal e tôdas as outras deficiências. Cada inventor deveria encarar o seu problema de vender, de colocar no mercado, de arranjar financiamento para a sua invenção com o mesmo entusiasmo, com a mesma persistência e com a mesma aplicação enérgica que o seu poder idealizador deu ao desenvolvimento e à criação da sua invenção em si mesma. Se assim proceder, naturalmente será bem sucedido no seu empreendimento e, assim como qualquer outro que faz uso adequado "daquela coisa" interior, terá bom êxito.

Como podemos distinguir as intuições verdadeiras de nossos pensamentos ardorosos, da expressão dos desejos e paixões de nossa mente consciente, em dado momento?

Esta capacidade de discernir entre uma intuição verdadeira e uma passageira, ou premonição, vem com a prática. As intuições verdadeiras entram no campo consciente da mente sem nenhuma reflexão ou premeditação. Você apenas "sabe" ou "sente" repentinamente alguma coisa, tendo grande necessidade de fazer ou não alguma coisa, de ficar alerta, de examinar e de investigar. Uma auto-análise ajudá-lo-ia a determinar se um impulso que Você recebe foi ou não criado por um pensamento ardoroso, um desejo excessivo ou uma paixão, conforme Você o caracteriza. Você deve conhecer-se bastante bem para assumir uma atitude impessoal e dizer: "Estou apenas brincando comigo mesmo. Eu queria ter aquela espécie de impressão e estimulei a minha imaginação para que ela me fôsse dada. Não reconheço isto como intuição verdadeira. Meus mêdos se dramatizaram e deram-me falso sentimento de que alguma coisa iria acontecer." Você logo reterá uma diferença de *sentir,* quando tiver um pressentimento verdadeiro.

A sua recordação de como se sentiu quando teve uma intuição real o capacitará a reconhecer os rasgos autênticos e intuitivos e a não levar em consideração os sentimentos que vêm à mente, originados do resultado dos seus próprios mêdos e desejos acalentados. É preciso que Você *acredite* que a sua mente interior pode servir e lhe servirá, dando-lhe lampejos intuitivos, à medida das necessidades; do contrário, o poder interior não poderá funcionar assim a seu favor. Algumas pessoas dizem: "Não acredito em pressentimentos e, que eu me lembre, nunca tive nenhum". Esta atitude mental bloqueou tais impulsos intuitivos que poderiam ter sido recebidos. Aprenda a controlar os seus próprios e excessivos desejos, as coisas que não são boas para Você, elimine os seus mêdos, e assim oporá cada vez menos resistência à recepção e reconhecimento, por Você, de orientação e proteção advindas da sua faculdade de intuição.

O meu problema não é dinheiro, negócio ou fama. O meu problema principal é gaguejar e titubear. Desde que comecei a estudar a sua filosofia, tenho notado algum progresso no meu falar. Compreendo que os resultados em condições como estas não aparecem da noite para o dia, embora preferisse obtê-los ràpidamente. Poderia dar-me algumas sugestões de como apressar o maravilhoso trabalho do subconsciente nesta minha dificuldade?

Se Você puder recordar, retroceda na sua vida ao tempo em que começou a gaguejar. Qual foi a experiência emocional que lhe proporcionou esta situação? Foi Você criticado em determinado momento pelos seus pais ou por alguém? Havia algum membro dominante na sua família que o reprimisse, e em cuja presença Você se sentisse amedrontado em expressar-se? Sentiu-se obscurecido por alguém ou sofreu tal mêdo que, temporàriamente, achou impossível falar? A causa original da sua atual dificuldade deve estar no seu passado. Encontre-a para que possa libertar-se da inibição que esta reação emocional proporcionou. Como auxílio posterior, desde que o gaguejar e o titubear estão geralmente associados a um certo grau de complexo de inferioridade e de ansiedade demasiada, espere alguns segundos antes de falar. Respire e forme um quadro mental do que vai dizer antes de transformar a sua idéia em palavras. Se Você ficar à cata de palavras na sua mente, tôda a sua atenção é desviada dos seus centros de linguagem e, como resultado, o seu modo de falar será vacilante e entrecortado. Recobrar a sua habilidade de articular cada palavra corretamente é, em grande escala, uma questão de tempo e visualização. Continue ambas as coisas e logo Você vencerá esta situação.

Acredito firmemente nos seus ensinos. O Sr. afirma que êste poder deve ser usado para o bem e não para o mal. Nisto eu acredito cem por cento e é por isso que pergunto se o uso dêste poder para o jôgo seria nocivo. Não sou um jogador profissional, porém, como muitas pessoas, jogo até certo ponto. Seria prejudicial usá-lo para jogar em grande ou pequena escala?

Frederick Marion, vidente notável, autor do livro *In My Mind's Eye,* no qual conta muitas das suas experiências com a percepção extra-sensória, com a sua desenvolvida habilidade para aquilatar o pensamento dos outros e antever o futuro, conta também as suas tentativas para usar os seus podêres para determinar quando comprar e vender títulos na Bôlsa. Durante algum tempo, teve êxito; depois os seus podêres começaram a falhar. Não podia controlar o seu desejo humano de tentar forçar uma resposta, quando tanto dinheiro estava envolvido em cada palpite de que necessitava para "adivinhar certo".

Todo jogador que tem usado a sua intuição, tem, sob pressão, sido logrado por esta mesma intuição. A maioria dos jogadores que conheci morreu sem vintém ou teve muito mais baixos do que altos. Nunca sabem quando parar — um êxito os leva a novas perdas. Se jogassem o "jôgo da vida" corretamente, sem tensão e esfôrço, suas faculdades intuitivas lhes serviriam de maneira mais regular e mais dependente. A vida é, num sentido, um jôgo... Você aposta em si próprio para vencer... e eu preferiria apostar qualquer dia em mim mesmo do que numa roda de sorte. O jôgo é pernicioso quando Você prejudica a si próprio e a outros. Sòmente aquêles que podem perder é que deveriam jogar. Infelizmente, poucos dêste tipo jogam. Qual a sua classificação? Por que não apostar em si mesmo? Os riscos são menores e os ganhos, durante uma vida inteira, são muito maiores e mais agradáveis.

Poderia o Sr. sugerir uma fórmula ou um plano para selecionar o que seria melhor para mim, dentro das diversas coisas que poderia e desejaria fazer, comercialmente?

Ninguém realmente poderia fazer isto senão Você mesmo. Nos seus períodos de meditação, diga para a sua mente interior, o poder criador interior: "Determine para mim onde se encontram as minhas melhores oportunidades comerciais, que habilidades e experiências passadas eu poderia cristalizar e capitalizar para o futuro". Ofereça êste quadro ao seu subconsciente, depois comece a empreender os seus negócios, com a fé e a confiança de que no momento devido, através de um intuitivo clarão ou de uma repentina consciência das coisas, Você *saberá* que direção seguir e como desempenhar-se. Você pode confiar nisso. Brevemente a resposta virá.

Alguns escritores alegam que não se aprende por experiência. Explique, por favor, o que quer dizer "aprender por experiência".

Aprender por experiência a *não* fazer as coisas, do mesmo modo que fazê-las. É aprender a lucrar com as experiências dos outros. Por que deveria Você cometer os mesmos erros que outros praticaram, se pode evitá-los, observando de antemão que o caminho que seguiram os levou a um "beco sem saída"? Use a inteligência e a fé para encarar a vida e os seus problemas.

Estou bloqueado e atolado, afundando-me numa "barafunda". Como posso libertar-me dêste sentimento de caos?

Eliminando o seu modo confuso e perturbado de pensar, Você formou o mau hábito de dar muita atenção a detalhes e acontecimentos pequenos, sem importância e insignificantes, transformando-os, na sua mente, em montanhas de obstáculos. Êles se tornaram, como Você descreveu, uma grande "barafunda", remoendo-lhe a mente consciente, obstruindo-lhe as idéias e os pensamentos verdadeiros que tentam atravessá-la. Você tem um sentimento constante do caos iminente, sòmente porque êstes pensamentos conturbados fazem que se sinta oprimido e engolfado por êles. Atire-os para longe e, através de um ato de vontade, Você estará dizendo: "Adeus, caos, sejam bem-vindas à minha mente a lei e a ordem."

Em que lugar na escala das coisas está colocada a imaginação, se está sujeita a ser desencaminhada, pelo modo de pensar de alguém?

A conduta certa da imaginação, como qualquer outra coisa, torna-a poderosa fôrça para o bem, e não para o mal. Imagine o acontecimento de boas coisas e, conseqüentemente, o bem se apresentará como Você o idealizou, através da imaginação; idealize o mal e Você obterá maus resultados no seu devido tempo.

Que é a imaginação?

A imaginação é aquela faculdade da mente que o capacita e forma no íntimo da consciência uma imagem ou um quadro mental do que Você deseja. É um estimulador do pensamento, o ativador do poder criador interior, o meio de tornar os seus desejos específicos.

Quando Você ora, como pensa ou imagina a Presença ou o Poder Divino interior? Pode Você simplesmente orar a um sentimento de poder interior?

Cada pessoa tem o seu próprio conceito de Deus, e aquêle conceito que mais o satisfaça, que lhe seja mais significativo e auxiliar, é o que deverá ser usado nas suas meditações e orações. Eu naturalmente não imagino Deus, quando oro, como de natureza antropomórfica, sentado num enorme trono em algum lugar do espaço celeste. Há muito que passei da idade em que se cultiva êste conceito infantil. Hoje estou convencido de que uma parte de Deus, a Grande Inteligência, reside em cada alma humana — em Você e em mim. Você pode lembrar-se de como se sentiu e ainda se sente com relação a um ente querido. A maneira pela qual Você atualmente pensa a respeito dêsse ente querido, Você o transporta instantâneamente para a sua mente, sentindo o laço de aproximação que realmente existe. Da mesma maneira, em grande parte, permita que êstes sentimentos de aproximação e intimidade cheguem até Você, vindos de Deus. Você sabe que os seus entes queridos existem, uma vez que pensa nêles; não existe a menor dúvida a êste respeito. Deixe então que o seu próprio eu sinta e saiba que Deus existe, e sentirá a Presença Divina interior — o poder que nunca o desapontará, a quem Você se pode dirigir em meditação e oração, e de quem pode esperar respostas acertadas.

Poderia fazer a gentileza de relatar que técnicas se deveriam usar para apagar as experiências infelizes do passado e para perdoar?

Compreendendo que está prejudicando a si mesmo, ao reter amargas recordações destas experiências — que não está nem de perto magoando aquêles que o feriram tanto quanto está prejudicando a sua própria pessoa. Faça uma revisão do que aconteceu na sua mente e depois *forme um quadro* mental do que atualmente entende que deveria ter dito ou feito. Assuma a sua parte de culpa e responsabilidade... e, embora possa sentir-se justificado em ter rancor de entes queridos, deixe que se desprenda de Você todo o ódio e ressentimento. Saiba e acredite que a lei da compensação, como conseqüência, levará em conta as más condutas e os modos errôneos de pensar. Compreenda que, enquanto a sua atenção estiver fixada no passado, nas suas infelicidades e nas suas perdas, nunca se reerguerá, pois estará impedindo a sua própria pessoa de receber novos recursos, novas oportunidades e novas experiências de constituição feliz. Lembre-se: o semelhante atrai o semelhante. E Você tem atraído a repetição de sentimentos de amargura como se estivesse vivendo estas experiências repetidas vêzes. Não vale a pena. Destruirá com o tempo tôda a sua saúde e felicidade, a menos que os abandone e assuma atitude nova e positiva.

Existe uma diferença entre oração e meditação?

Sim. Meditar é preparar-se para orar, através do relaxamento de tôda a tensão do corpo físico, tornando a mente consciente passiva e então, com a atenção voltada para o seu interior, penetrar com devoção na visualização das coisas de que necessita e que deseja.

Se os seus pais continuam a relembrar-lhe, desde a sua infância até a presente data, que Você não terá êxito, como poderá êste obstáculo ser removido de maneira satisfatória?

Boa herança para os pais deixarem a uma criança, da infância até a maturidade — uma série de quadros de "Você não terá êxito"! O primeiro passo para libertar o seu consciente desta escravidão paterna é a compreensão de que, no momento em que rejeitar os conceitos negativos que fazem da sua pessoa, êstes errôneos quadros não mais poderão reter o assenhoramento da sua mente. Para poder fracassar é preciso que *Você acredite* na impossibilidade do êxito.

Liberte a mente de todos os ressentimentos que o seu pai ou a sua mãe lhe proporcionaram. Enquanto permanecer amargurado, Você conservará êstes quadros infelizes e uma influência viva na sua consciência. Deixe que esta amargura se vá, e êstes quadros serão privados de tôda alimentação na mente e morrerão de inanição. Resta na vida, à sua espera, muita coisa boa e que vale a pena. Reivindique-a através de uma visualização correta e do exercício da fé em si mesmo e no infalível poder "daquela coisa" para proporcionar-lhe o que há muito deseja e merece.

Permita-me verificar se o entendi: o quadro mental do que se deseja é formado conscienciosamente; então, enquanto ficamos bem quietos, êle é refletido de volta a Você, provàvelmente durante uma fração de segundo! Esta reflexão – vendo-a – é que ocorre nos olhos da sua mente? E é isto que precisa suceder antes que o poder criador possa ser impelido a proporcionar-lhe resultados efetivos?

Sim, o processo foi muito bem descrito. Cria-se, primeiramente, a imagem mental do que se deseja e, em seguida, é projetada na tela interior da sua mente, através de ato de vontade, permitindo que Você sinta forte desejo de materialização dêste quadro, possuindo, ao mesmo tempo, a fé de que aquilo que foi visualizado já foi alcançado na sua mente e está até mesmo vindo ao seu encontro!

Estando o mundo tão tumultuado, como pode uma pessoa deixar de ter preocupação e mêdo? Como podem os desagradáveis acontecimentos ser considerados longe da mente?

Pela recusa em personalizar os acontecimentos que não têm relação com Você. Reconheça que o mêdo e a preocupação não corrigirão a situação mundial nem o ajudarão resolver sequer um dos seus problemas. Na verdade, o mêdo e a preocupação corrompem e desvitalizam. Com o tempo, poderão destruir a autoconfiança, a saúde e a felicidade. Compreenda que Você próprio se encontra *agora* razoàvelmente bem e feliz, e que a grande contribuição a si mesmo e aos outros será sempre a manutenção de uma atitude positiva, alentadora e otimista. Pare de viver sob o pensamento de "esperar pelo melhor e temer o pior". O pior quase nunca ocorre e, quando Você tem em mira o melhor, as coisas sempre se tornam melhores do que Você pensou ser possível.

Qual é o meio mais rápido para relaxar?

Acho que o meio mais rápido seria dar-lhe uma martelada na cabeça — mas os efeitos posteriores não seriam muito agradáveis. O meio seguinte mais rápido, seguro e saudável, é isolar-se dos outros, se possível sentando-se numa cadeira confortável ou deitando-se num sofá, e *deixar* que o corpo se vá com a mente consciente... erguer os braços e as pernas e largá-los... deixar que a cadeira ou a cama suportem todo o seu corpo. Você sentirá uma leveza, e a sensação de estar boiando tomará conta de Você. Então, com o corpo relaxado, disperse da mente todos os pensamentos de tensão, ocasionados pela pressão alta, pelo mêdo, pela preocupação e outras perturbações emocionais. Idealize uma tela mental branca... um lago tranqüilo... uma paisagem calma e repousante... qualquer coisa que lembre um lugar pacífico e imóvel. No momento em que conseguir isto, Você estará relaxado; e não deverá demorar mais do que dois minutos — com a prática — para que Você fique assim.

Pode Você, através da sugestão, provocar sonhos e, assim, fazer que a sua intuição lhe torne conhecidas certas informações?

Sim, muito conhecimento pode ser revelado pelos sonhos, e o poder criador interior geralmente utiliza um sonho como meio de apresentar informações, que Você necessita possuir, dos acontecimentos do passado, do presente e do futuro. Deve-se, naturalmente, contar com a dificuldade para uma interpretação correta, porque muitos sonhos são ocasionados por distúrbios físicos e estados mentais, como indigestão, mêdo, preocupação, suspeita, ressentimento, etc... Existe uma tendência, quando a mente consciente se torna passiva, através do sono, para que os problemas diurnos se dramatizem em forma de sonhos destorcidos, e êste tipo de sonho é raramente significativo. Pode revelar ao psiquiatra a causa dos mêdos, das apreensões e outras instabilidades emocionais, porém pouco ou nada a Você. Há ocasiões, porém, em que Você é projetado para diante, no futuro, e as suas faculdades intuitivas lhe proporcionam sonhos vívidos — de maneira parcial ou completa — de acontecimentos que irão ocorrer, acontecimentos êsses cujas causas já existem... causas que Você poderá ter fixado em si mesmo através de reações a experiências passadas. Êstes sonhos merecem uma análise cuidadosa, pois poderão pô-lo na pista de como Você deverá estar preparado para ir ao encontro ou evitar uma situação que se está desenvolvendo. Êstes avisos oníricos, devidamente aquilatados, o capacitarão para alterar o seu modo de pensar e, assim, mudar os possíveis acontecimentos em si mesmos.

Se Você, depois de recolher-se, desejar uma solução, durante o sono, de um problema opressivo, sugira dessa maneira "àquela coisa" interior que lhe dê a resposta. Com a prática, Você geralmente poderá em sonhos induzir a recepção da informação de que necessita. Muitas pessoas dizem: "Decidi dormir sôbre o caso e acordei com a resposta!"

Se o homem é senhor de seu destino, a responsabilidade é dêle próprio e de mais ninguém; assim sendo, como pode o Sr. conciliar isto com o fato de que a vida tem trabalhado de mil maneiras, funcionando como uma emprêsa em marcha antes de êle ter nascido? Naturalmente parece por todos os ângulos que estamos envolvidos em processos, funções e atividades sôbre as quais estamos incapacitados para exercer o mínimo contrôle. Qual a resposta a isto?

O homem *deveria* ser o senhor do seu destino. Foi para isto formado e lhe foi dada a potencialidade através do poder criador interior, capaz de carregá-lo a alturas inconcebíveis. O homem, porém, até agora ainda não fêz uso bastante inteligente dêste poder, de maneira coletiva. Individualmente, porém, as conquistas do homem aproximaram-se da perfeição. Considere Helen Keller, que se elevou acima dos seus obstáculos, aparentemente sem esperança, surda, muda e cega, expressando a sua personalidade e a sua grande alma através do seu debilitado instrumento físico, como uma inspiração à espécie humana. Não há dúvida de que ela é a "senhora de seu destino". Pense um pouco em Steinmetz, o mágico da eletricidade, que nasceu com cabeça disforme, corcunda, pernas desproporcionais e todo o físico frágil. Aquela estranha cabeça, porém, abrigava um grande cérebro. Aquêles que conheceram Steinmetz diziam que acabavam por ignorar-lhe o físico, pois o brilhantismo dêsse homem os fazia esquecer o seu pobre físico. Outro "senhor do seu destino". Pense também em Beethoven, a quem a natureza dotou de rosto feio e um defeito que deveria ser fatal a qualquer pessoa que aspirasse a escrever música — a surdez! Assim mesmo a mente de Beethoven concebeu uma das mais nobres músicas jamais escritas, músicas imorredoura que trará alegria a milhares de sêres que ainda não nasceram. Poucas pessoas, quando vibram de emoção ao ouvir a *Nona Sinfonia,* um dos maiores trabalhos de Beethoven, compreendem que o grande compositor nunca escutou uma nota sequer dessa sinfonia! Sem dúvida alguma, êste gigante da música foi o "senhor do seu destino". E assim, centenas e milhares de outros homens e mulheres que recorreram "àquela coisa" — o poder criador interior — têm ultrapassado todos os "processos, funções e atividades" que encontraram quando aqui chegaram, e que poderiam ser considerados empecilhos — obstáculos para conseguir qualquer êxito.

Não. O homem não foi atirado à mercê dêste mundo, como vítima das circunstâncias e das fôrças além do seu contrôle. Êle possui na sua consciência interior todo o poder de que necessita para o seu *autodomínio.* O homem precisa apenas descobri-lo e aprender a usá-lo. Eis tudo.

19

PARTILHE A SUA BOA SORTE COM OS OUTROS

Quando Você obtiver alguma coisa boa, passea-a adiante. Esta é a maneira de ganhar amigos e atrair mais pessoas para junto de Você. Não seja egoísta. Quando tiver oportunidade, ajude os outros a entenderem o TNT e fazerem que êle faça por êles o mesmo que por Você. Tôdas as vêzes que proporciona ânimo ao seu próximo, Você dá a si mesmo um ânimo muito maior.

Algumas pessoas que não compreendem e nem querem compreender, podem dizer que Você é presunçoso, autocentralizador ou egoísta; não permita que isto o perturbe. Os que assim procedem são escarnecedores... são aquêles que colocam pedras no seu caminho e lhe impedem o progresso. Você sempre deparará êstes tipos em sua vida. Não têm destino algum e querem levá-lo consigo. Aquêles que compreendem aceitarão o que Você tem para oferecer e se mostrarão prestativos e ansiosos por servi-lo... para trabalhar com Você. Os inteligentes, à medida que observam a direção que Você está tomando, começam a estudá-lo para determinar o que é que Você possui e êles não... e tentarão descobrir o seu segrêdo.

Mostrei-lhe o caminho; siga-o com firmeza e para à frente.

George Jean Nathan, um dos mais competentes críticos dramáticos da América, numa compilação de "*Living Philosophies*", afirma que jamais conheceu um homem que, obtendo sucesso na vida, de forma material, não pensasse sempre em si mesmo em primeiro e em último lugar. Naturalmente, eu não sei exatamente o que Nathan quis dizer com isso, porém tenho certeza de que afirmou que tal homem não é egoísta a ponto de não ser prestativo para com outros, porque se Você seguir o tema como eu o tenho descrito, e trilhar a estrada do sucesso, não será conduzido a agir desapiedadamente.

Não há necessidade de abater outras pessoas para atingir o que desejamos; Você não precisa passar por cima dos cadáveres dos outros; Você não precisa trair amigos e sócios; Você não precisa atingir a sua meta através de tramas e da fraude. Lá Você chegará de cabeça erguida e com os pés firmes no chão. O que Você foi capaz de fazer uma vez, será capaz de fazer muitas vèzes — e cada vez melhor.

Isto é o que o poder criador da mente, trabalhando no seu interior e através de Você poderá realizar e realizará por Você. À medida que Você progredir, sentirá vontade de fazer aos outros caridade, boas coisas; executar serviços, pequenos gestos de bondade e consideração, caminhar, quando pode, uma ou duas milhas a mais para ajudar o seu semelhante, em retribuição ao que tem sido feito por você. Como e quando Você assim proceder, observará que os seus atos amigáveis proporcionarão, em seu semelhante, vontade de fazer alguma coisa em seu favor. Não existe nada de egoísmo nisto — é apenas uma questão de causa e efeito.

André Ampère conhecia esta lei. Chamava-a de lei da atração aplicada ao eletromagnetismo. "*As correntes paralelas numa mesma direção atraem-se entre si.*" Simples, não é? Quando Você têm opinião diversa e se torna antagonista, coloca o seu semelhante em campo oposto e em desacôrdo com Você, porque: "*As correntes paralelas em direções opostas repelem-se entre si*". É uma história verdadeira, bem, bem antiga, reduzida a esta pequena frase de grande significado: "*O semelhante atrai o semelhante!*"

Quando Você executa um serviço, tem em paga enormes dividendos. Não existe nenhum mistério nisto, apenas é assim!

Pam — pam — pam! Principie a fazer o que lhe foi dito, repetidas vèzes, até que a sua técnica do pensamento correto se torne perfeita.

Existe fôrça num trabalho de equipe. Consiga que outros se associem a Você neste modo de pensar! O *"esprit de corps"* incutido em nossos camaradas que estavam no Exército, na Primeira Guerra Mundial, fêz das fôrças norte-americanas o que foram. Êste espírito é o responsável pela imensa tarefa que os nossos rapazes desempenharam na Segunda Guerra Mundial. Em qualquer batalha, uma equipe inspirada fornece entusiasmo, confiança e determinação para que ela se mova sempre para a frente.

Se Você aceitar o que lhe digo, dentro do espírito em que é escrito, colocando-o em execução, será invencível. Entrando em harmonia com as coisas externas e conseguindo que outros trilhem o seu caminho, o mundo será seu.

"Quando o mêdo governa a vontade, nada se pode fazer, porém quando o homem liberta a sua mente do mêdo, o mundo torna-se a sua ostra".

"Perder um pouco de dinheiro não é nada, perder, porém, a esperança, a coragem e a ambição, isto é que torna o homem inválido".

HERBERT N. CASSON

Charles M. Schwab certa vez disse: "Muitos pensam que os vendedores são pessoas que viajam com jogos de amostras. Ao contrário, todos nós somos vendedores todos os dias de nossas vidas. Vendemos as nossas idéias, os nossos planos, as nossas energias e o nosso entusiasmo àqueles com quem temos contacto".

Assim é com qualquer empreendimento, e isto é especialmente verdade em relação à venda de aparelhos domésticos, porque aí é *preciso* entrar em contacto com as pessoas.

Quando digo "contacto", quero dizer entrar em contacto "cara a cara". O dia de recebimento de pedidos está mais uma vez desaparecendo. Na verdade, êste dia nunca existiu... porque não há o que substitua o contacto pessoal com os freguesses. Nos dias futuros isto será ainda mais necessário; as únicas pessoas que poderão ter êxito serão aquelas que atacam e que vão diretamente ao encontro das pessoas. As outras submergirão.

Você não se pode esquivar da lei fundamental da "sobrevivência dos mais fortes". Portanto, deixe de lado quaisquer listas de encomendas e tenha em mente que a única maneira de fechar uma venda é fazer que o freguês pense como Você! O melhor dos meios será sempre um contacto pessoal. É preciso que Você esteja na presença do freguês, é preciso que lhe observe as reações — "a velha lei da causa e efeito" — e é preciso que Você se adapte às condições à medida que elas o colocam em frente do freguês, pessoalmente.

Se Você está decidido a efetuar uma venda (e é preciso que esteja se deseja ter bom êxito), tenha em mente o meu tema. O subconsciente lhe estará dando idéias, palpites e inspirações, dentro de uma corrente perfeita que o orientará corretamente, mostrando-lhe o caminho para ir à presença do homem de negócios — dentro da sua própria vida particular; e, quando Você lá chegar, mantenha-se firme sôbre os dois pés.

Esteja alerta. Faça que o freguês sinta a sua personalidade. Saiba o que fala. Seja entusiasmado. Não esmoreça.

Você é tão bom quanto êle é, além disso, é provável que êle possua alguma coisa que Você não tenha, uma confiança e uma fé insuperáveis no artigo que está vendendo. Por outro lado, se êle é pessoa de sucesso, também tem personalidade. Portanto, tenha a certeza de colocar êste contacto dentro de uma base igual. Não o diminua e não permita que êle faça o mesmo com Você. O encontro deve ser realizado em terrenos iguais. Faça que haja uma simpatia mútua e, assim, o sucesso estará a caminho. Tenha em mente, desde o princípio, que Você irá vender-lhe... Você irá vender-lhe!

O seu principal tema geral na vida, naturalmente, é: "Eu terei êxito em tudo que empreender!... Terei êxito em tudo que empreender! (Repetição, reiteração. Pam — Pam — Pam! Sempre martelando e empurrando para a frente. Repetindo, repetindo — vendo-se executando as coisas, repetidas vêzes — idealizando, "Eu posso!..." "Eu farei!..." "Eu acredito, e assim é").

Torne interessados os seus amigos. Forme grupos de estudo. Faça um intercâmbio de experiências. Examine os seus fracassos. Encontre os erros que praticou. Ajude tôdas as partes e tente outra vez. Critiquem-se uns aos outros. Determine porque alguns planos não deram certo. Divida com os outros as novas e a alegria do seu sucesso! Realize experiências de telepatia, desenvolvendo os podêres da visualização, concentração e intuição. Demonstre o valor do TNT aos seus amigos, à sua família e aos seus sócios comerciais à medida que se desenvolver o interêsse dêles neste poder.

Estabelecido em cada comunidade um núcleo interessado em TNT, com um grande número de homens e mulheres estudando e aplicando o poder do pensamento correto... grandes operações começarão a fazer-se sentir nas mentes e nos corações das pessoas e do mundo!

Cada dono dêste livro poderá fixar o seu próprio núcleo e começar com os próprios amigos e sócios interessados. O segrêdo está todo aqui... pronto para ser revelado a qualquer leitor ou estudante.

Trabalhar com um amigo ou um ente querido compreensivo ajuda o seu desenvolvimento, proporciona-lhe mais estímulo. Cada um pode verificar, assistir e encorajar ao outro. Quanto mais Você fala a respeito do poder interior da mente, mais estudo Você a êle dedica e mais êle se manifesta na sua vida.

Continue martelando... não descanse... não desista... porque para cada problema que Você tenha ou venha a ter existe uma solução... a sua própria mente!

Lembre-se sempre de partilhar com os outros a sua boa sorte. Você será recompensado cem... mil vêzes mais... à medida que o seu compartilhar continua, porque o bem se compõe a si mesmo — multiplica, continua multiplicando... expandindo... devolvendo mais e mais coisas boas ao seu doador original.

Persevere, tenha fé, visualize, *Você não pode falhar!*

20

AGORA VOCÊ ESTÁ DE POSSE DO PODER – USE-O!

Sou o senhor do meu destino: Sou o capitão de minha alma.

William Ernest Henley

Pam – Pam – Pam – Pam
Como o homem pensa em seu coração – assim é êle.
Pam – Pam – Pam – Pam
Eu conheço, eu acredito e assim é.
Pam – Pam – Pam – Pam

O TNT SACODE A TERRA!

Êste livro fará por Você tudo o que promete, porém é necessário que Você o leia e releia até que cada palavra e cada sentença sejam inteiramente compreendidas. Em seguida Você precisa aplicar os princípios e a mecânica com todo o seu coração e alma. Faça-o parte da sua vida diária e, quando colocar em prática as idéias oferecidas, Você verificará que elas funcionam exatamente como sempre funcionaram e sempre funcionarão. Se Você fôr implacàvelmente honesto consigo mesmo, achará todo o esquema muito simples.

Depois de ter estudado êste livro e refletido a respeito das suas idéias, apreciará a tremenda fôrça que reside na *repetição do pensamento* e na *ação positiva.*

Você pode, pela repetição do mesmo pensamento, "martelar" a sua própria pessoa para subir ou descer – dependendo da natureza dos seus pensamentos, se construtivos ou depressivos. À medida que Você se construir poderosamente, verificará que poderá influenciar os outros pelos seus pensamentos.

Deixe-me, portanto, adverti-lo mais uma vez de que tenha grande cuidado em não fazer mau uso do seu poder. Conserve a mente cheia de coisas boas, de pensamentos construtivos, e depois aja com tôda a energia que possui, à medida que as idéias venham até Você.

Pare de olhar para trás. Você sabe onde já estêve: Você precisa saber para *onde vai*! Acostume os seus olhos a mirar o futuro. Esta é a terra gloriosa onde as suas oportunidades residem. Gradualmente, à medida que Você se torne mais hábil no contrôle e na direção "daquela coisa", o poder criador interior, a sua intuição, lhe darão visões do seu futuro.

O futuro é a extensão do tempo e da causa que está além do alcance dos cinco sentidos físicos.

Estude esta afirmação: leia-a e releia-a, e a compreensão virá, porque as fôrças causais que Você colocar em movimento pelo seu pensamento de hoje, produzirão os seus efeitos no mundo de amanhã. A natureza odeia o vácuo. Em todos os lugares alguma coisa está sempre acontecendo... e tudo que acontece repercute em tudo que está ao redor. Um grande cientista disse tudo numa só frase: "A única coisa permanente no universo é a mudança." No seu corpo diàriamente morrem milhares de células, enquanto milhares de novas células nascem. Velhas idéias morrem e desaparecem à medida que novas idéias se originam na mente humana. Você hoje não é o mesmo de ontem, tanto em corpo como em pensamento!

Muitos e grandes videntes, através dos séculos, foram capazes de olhar o futuro e intuitivamente sentir o que estava para acontecer aos povos do mundo, com o tempo, como resultado dos seus próprios pensamentos.

Prestem atenção à profecia de Alfred Lord Tennyson, que faleceu em 1892:

> Pois eu mergulhei no futuro, tão longe quanto a vista humana poderia alcançar,
> Vi a Visão do mundo e tôda a maravilha que seria;
> Vi os céus repletos de movimento, navios de velas mágicas,
> Pilotos do crepúsculo purpúreo, descendo com luxuosos fardos.
> Ouvi os céus repletos de gritos, e caía um terrífico orvalho;
> Das nações vinham naves aéreas que se agarravam no azul central...
> Até que os tambores de guerra não mais ruflassem e as bandeiras de batalhas fôssem enroladas
> No Parlamento do Homem, a Federação do Mundo

Pode Você ler isto e ainda duvidar de que o Homem possa "ver" o futuro? Existe um poder incalculável no TNT, aplicado tanto no presente como no futuro! O que Você, a qualquer momento, cria na mente, desde aquêle instante se torna uma realidade, a menos que Você dê uma contra-ordem e mude o seu pensamento. Mesmo assim, o mal do modo errôneo de pensar sai de Você e une-se a pensamentos similares de outros, existentes no "éter mental". A consciência universal está abarrotada de pensamentos, bons e maus, de bilhões de sêres humanos dêste planêta. As estupendas vibrações dêstes pensamentos produzem efeitos na consciência individual à medida que os indivíduos sintonizam os níveis diferentes dêste pensamento coletivo.

Poderíamos, com o tempo, conquistar um entendimento das mentes, umas com as outras, das emoções para construirmos um nôvo mundo? Poderíamos ajustar as nossas mágoas e diferenças entre amigos, parentes e semelhantes, tanto em nosso país como no estrangeiro? Ou, como disse Tennyson, "...as naves aéreas das nações" terão que "agarrar-se ao azul central" e enviar chuvas de "terrífico orvalho"?

Por quanto tempo persistirá o homem no seu errôneo modo de pensar, que o levará ùnicamente a uma conseqüente destruição de tudo que lhe é caro, antes que os tambores de guerra não mais ruflem e as bandeiras de guerras sejam dobradas e seja, então, estabelecido "o Parlamento do Homem, a Federação do Mundo"?

Esta questão será respondida de maneira positiva quando um número suficiente de indivíduos chegar à compreensão de que o TNT sacode a Terra, tanto para o bem como para o mal, dependendo de como seja usado!

A fôrça da mente precisa, um dia, igualar e suplantar a das armas!

Pense no que significaria para a humanidade a direção dêste poder, o TNT, dentro de canais construtivos, por todos os sêres humanos — da noite para o dia! Todos os problemas seriam instantâneamente resolvidos, as invenções em benefício da humanidade libertariam tôda a espécie humana de tôdas as espécies de escravidão, o conhecimento verdadeiro e a tolerância de outros se tornariam realidade! Então cada um se comprometeria nesta tarefa particular de servir a si mesmo e aos outros, pois, como James Russel Lowell diz:

Neste mundo homem algum nasce sem que o
Trabalho nasça com êle; para aquêles que desejam,
Existe sempre trabalho e ferramentas. E,
Abençoadas são as calosas mãos de árdua faina...

As mãos indolentes sempre encontram problemas; ninguém é verdadeiramente feliz quando não tem um trabalho que valha a pena realizar. É preciso que Você saiba qual o seu alvo e como se alcança, para que possa ter alegria e sucesso na vida! É preciso, porém, que também seja assegurado o direito de livre pensamento e realização dos legítimos desejos do homem.

Você não se encontra só neste mundo; Você está aqui para ajudar, como quer ser ajudado pelos outros. Você é importante para si mesmo, para os seus amigos e pessoas queridas, para a sua comunidade e para a sua pátria. O que Você faz na vida é importante. O trabalho de cada indivíduo é necessário no esquema das coisas. Nenhum bom esfôrço é perdido.

Quando Você envida, cada dia, o melhor dos seus esforços, seja qual fôr o seu trabalho ou responsabilidade, está aperfeiçoando a si mesmo e às condições que o cercam.

Sabendo que Você possui êste poder interior e sabendo como chegar até êle, Você não precisa perder tempo e energia preocupando-se a respeito das condições nacionais e internacionais que estão além da sua influência.

Faça que a sua influência seja sentida onde Você vive... e Você estará desempenhando a sua parte e inspirando outros para que realizem o que lhes compete.

Lembre-se: *cada pensamento, mantido de maneira constante, conduz à ação, e os resultados aparecem.*

Conserve, portanto, êste livro sempre à mão. Releia-o, estude-o tão freqüentemente quanto possível.

Pratique, pratique, pratique – pam, pam, pam! Inspire os outros com a demonstração diária do seu pensamento acertado! Agindo assim, Você estará contribuindo com a sua parte para que o mundo em que vive seja um lugar melhor, mais seguro e mais feliz. E o que de bom emana de Você, também se espalha pelo mundo em grande escala, encontrando afinidade em todos os lugares em que as pessoas pensem corretamente.

No comêço tôdas as coisas eram boas. O próprio Homem as tornou más. Quando Você pratica o mal, êle reverte para Você. Pratique o bem e receberá o bem. Você poderá ser o que deseja, e para isso possui tudo ao seu dispor, desde que queira pagar o seu preço em tempo, meditação, esfôrço e energia. A chave disto encontra-se agora em seu poder – faça bom uso dela!

"Aquela coisa", corretamente usada, é:

TNT QUE SACODE A TERRA

É a Fôrça que Existe em Você!

LIVROS DO MAIS ALTO VALOR EM EDUCAÇÃO E PSICOLOGIA EDUCACIONAL

Técnicas Revolucionárias Do Ensino Pré-Escolar	*Maya Pines*
Testes em Educação	*H. M. Vianna*
De Adão à Onu	*René Sédillot*
O Governo de Nações Agitadas	*Charles W. Anderson*
História da Psiquiatria	*Franz G. Alexander*
Ideologias e Política Moderna	*Vários autores*
Israel: Do Sonho à Realidade	*Chaim Weizmann*
Jornal do Mundo (A História em forma de jornal diário)	*Vários autores*
Negro: O Dilema Americano	*Gunnar Myrdal*
A Revolução Francesa	*Georges Lefebvre*
Jornal, História e Técnica	*Juarez Bahia*
Jornalismo (Dicionário Enciclopédico)	*José Nabantino Ramos*
O Sentido da Arte	*Herbert Read*
Piaget: Teoria e Prática	*P. G. Richmond*
Como Educar Crianças em Grupos	*Marie Winn* e *Mary A. Porcher*
Como a Criança Pensa	*Ruth M. Beard*
ABC da Psiquiatria	*William Menninger*
Análise Científica da Personalidade	*Raymond B. Cattell*
Como Alterar o Comportamento Humano	*H. R. Beech*
Comunicação e Dinâmica de Grupo	*Michael Argyle*
A Conquista da Mente	*William Sargant*
A Marca da Violência (A agressão humana)	*Fredrich Wertham*
Psicologia da Criança	*Karl C. Garrison* e outros
Guia Prático para Entender Piaget	*M. Brearley* e *E. Hitchfield*
O Animal Social (Introdução ao Estudo do Comportamento Humano)	*Elliot Aronson*
Cibernética na Administração	*Stafford Beer*
Metodologia Científica do Treinamento Desportivo	*Gomes Tubino*
A Arte de Estudar	*V. Murça Viotto*
Piaget na Prática Escolar	*Hans G. Furth* e *Harry Wachs*

OBRAS SELECIONADAS SOBRE CRIATIVIDADE

A IBRASA orgulha-se de ter sido pioneira no Brasil da publicação de obras destinadas a desenvolver a Criatividade e promover o interesse por esse campo. Apresentamos abaixo uma lista de livros enquadrados nessa importante linha editorial:

ARTE E CIÊNCIA DA CRIATIVIDADE

G. F. Kneller

Tradução de José Reis. Contém uma visão geral e documentada do que seja Criatividade, sua natureza, suas aplicações.

CRIATIVIDADE NO ENSINO

Alice Miel

Tradução de Aydano Arruda. A única obra existente sobre esse tema em nossa língua, baseada na experiência real com os alunos.

CRIATIVIDADE PROFISSIONAL

E. von Fange

A Criatividade aplicada ao trabalho em diversas profissões. Tradução de Leônidas Gontijo de Carvalho.

O PODER CRIADOR DA MENTE

Alex Osborn

O livro que desencadeou o movimento de Criatividade no mundo. Tradução de E. Jacy Monteiro.

USE A CABEÇA

A. Levenstein

Obra cheia de sugestões, que ensina realmente a pensar criativamente. Tradução de Lauro Blandy.

DESPERTE SUA FORÇA MENTAL

Alex Osborn

Indica meios eficazes para o desenvolvimento dos poderes criativos e da imaginação. Tradução de Aydano Arruda.

O DIRIGENTE CRIATIVO

Joseph G. Mason

A Criatividade aplicada à direção de empresas. Tradução de Leônidas Gontijo de Carvalho.

CRIATIVIDADE - PROGRESSO E POTENCIAL

Calvin W. Taylor (Coordenador)

Um luminoso apanhado de todo o campo da Criatividade, incluindo as mais recentes descobertas. Tradução de José Reis.

CRIATIVIDADE - MEDIDAS, TESTES E AVALIAÇÕES

E. Paul Torrance

Como aplicar os famosos testes de pensamento criativo, desenvolvidos pelo autor. Tradução de Aydano Arruda.